Snel succes met ROM

Suzan Oudejans
Masha Spits

Snel succes met ROM

Een leidraad voor professionals in de GGZ

Houten 2018

ISBN 978-90-368-1725-7   ISBN 978-90-368-1726-4 (eBook)
DOI 10.1007/978-90-368-1726-4

© Bohn Stafleu van Loghum, onderdeel van Springer Media B.V. 2018
Alle rechten voorbehouden. Niets uit deze uitgave mag worden verveelvoudigd, opgeslagen in een geautomatiseerd gegevensbestand, of openbaar gemaakt, in enige vorm of op enige wijze, hetzij elektronisch, mechanisch, door fotokopieën of opnamen, hetzij op enige andere manier, zonder voorafgaande schriftelijke toestemming van de uitgever.

Voor zover het maken van kopieën uit deze uitgave is toegestaan op grond van artikel 16b Auteurswet j° het Besluit van 20 juni 1974, Stb. 351, zoals gewijzigd bij het Besluit van 23 augustus 1985, Stb. 471 en artikel 17 Auteurswet, dient men de daarvoor wettelijk verschuldigde vergoedingen te voldoen aan de Stichting Reprorecht (Postbus 3060, 2130 KB Hoofddorp). Voor het overnemen van (een) gedeelte(n) uit deze uitgave in bloemlezingen, readers en andere compilatiewerken (artikel 16 Auteurswet) dient men zich tot de uitgever te wenden.

Samensteller(s) en uitgever zijn zich volledig bewust van hun taak een betrouwbare uitgave te verzorgen. Niettemin kunnen zij geen aansprakelijkheid aanvaarden voor drukfouten en andere onjuistheden die eventueel in deze uitgave voorkomen.

NUR 770
Basisontwerp omslag: Studio Bassa, Culemborg
Automatische opmaak: Scientific Publishing Services (P) Ltd., Chennai, India

Omslagillustratie: Salty Stock / IKillustreert

Bohn Stafleu van Loghum
Walmolen 1
Postbus 246
3990 GA Houten

www.bsl.nl

Met een bijdrage van Ellis Baron en Maarten Merkx

Voorwoord

Dit is een positief boek over Routine Outcome Monitoring (ROM). Kan dat dan? Ja, dat kan, en we willen je met dit boek uitdagen het beste uit ROM te halen. Dat verdienen je cliënten, en dat verdien jij. Want behandelen kan effectiever, prettiger en efficiënter. In dit boek vertellen we hoe.

We doen dit aan de hand van nationale en internationale praktijkvoorbeelden, wetenschappelijke onderbouwing en handreikingen in toegankelijke taal. Voor wie meteen aan de slag wil, bevat het boek een gespreksleidraad voor het introduceren en terugkoppelen van behandeluitkomsten met behulp van motiverende gespreksvoering (MGV). Daarmee heeft dit boek een toegevoegde waarde boven hetgeen er de afgelopen jaren over dit onderwerp is verschenen.

De afronding van het manuscript voor dit boek vond plaats in het voorjaar van 2017. Er woedde toen een storm van kritiek rondom ROM en benchmarken. Op aanraden van een aantal beroepsverenigingen zetten aanbieders de aanlevering van ROM-data ten behoeve van benchmarking stop. Het was een vreemde gewaarwording om in deze omstandigheden de laatste hand te leggen aan dit boek. Elke letter die we er over zouden schrijven, zou enkele weken later alweer gedateerd zijn, was ons vermoeden. De aangeduide problemen zijn zeker serieus en een aantal kritiekpunten onderschrijven we, maar een aantal ook niet. ROM is in elk geval volop in ontwikkeling en niet alle problemen zullen in de nabije toekomst op te lossen zijn. We hebben er in dit boek voor gekozen om ons niet wagen aan een oordeel of ons verder in deze te discussie mengen; dit boek is daar de plek niet voor. Daar waar het passend is, stippen we wel de genoemde problemen en tekortkomingen en geopperde oplossingen aan.

Anderhalf jaar eerder was het idee ontstaan voor het schrijven van een positieve, praktijkgerichte bron voor het gebruik van ROM en benchmarking, en hadden we besloten de uitdaging aan te gaan de ervaringen van de afgelopen jaren op te schrijven. En wel op zo'n manier dat het in de eerste plaats hulpverleners, maar ook beleidsmakers en managers zou inspireren en aanzetten om ROM daadwerkelijk in te zetten in de behandelkamer en benchmarking in het behandelbeleid, vanuit een positieve behoefte aan verbetering in plaats van als een opgelegde verandering. Voor ons was dit een uitdaging, omdat we beiden geen ervaring als hulpverlener hebben, van oorsprong specialisten in benchmarking zijn, en pas de afgelopen jaren meer en meer activiteiten op het gebied van ROM in de behandelkamer hebben ontplooid. Tijdens die workshops en trainingen bemerkten we de behoefte aan concrete handreikingen. Ook hebben we daarin vastgesteld dat elk publiek zijn eigen benadering en perspectief vereist: een verhaal over ROM en benchmarken voor beleidsmedewerkers moet anders in elkaar zitten dan voor hulpverleners; ze hebben écht andere behoeften qua kennis, perspectief en aanknopingspunten. Het laatste hoofdstuk in dit boek geeft hulpverleners praktische handreikingen voor het terugkoppelen van uitkomsten aan de hand van MGV. Dit hoofdstuk is, vanwege de specifieke kennis en toepassing, grotendeels van de hand van twee ervaren trainers/hulpverleners, Maarten Merkx en Ellis Baron.

Snel succes met ROM is gebaseerd op vijftien jaar ervaring met benchmarking en ROM in grote en kleine projecten en opdrachten in de ggz en de verslavingszorg. Het begon met het project Benchmark Leefstijltraining Verslavingszorg in 2002, waarin we voor het eerst samenwerkten en waaraan Jellinek, Brijder Verslavingszorg en Novadic-Kentron deelnamen. Recentere ervaringen zijn onze trainingen, workshops en begeleidingstrajecten op het gebied van ROM en benchmarking voor of in samenwerking met diverse ggz-instellingen, kenniscentra en opleidingsinstituten zoals Brijder Verslavingszorg, Cenzo, Max Ernst GGZ, Arkin, GGZ Noord-Holland-Noord, GGZ Drenthe, Stichting Benchmark GGZ, het Trimbos-instituut, Kwaliteit Forensische Zorg, Resultaten Scoren, Cure & Care Development, Habit Pro en RINO Amsterdam. We hebben ook flink kunnen putten uit de ervaringen met het begeleiden van de pilots benchmarking van SBG, waaraan in totaal een twintigtal aanbieders heeft deelgenomen, evenals uit de discussies en ontwikkelingen bij de Expertraad Verslavingszorg ROM. Met Reflectum organiseerden we de avonden 'Snel succes met ROM', waarbij we voor het eerst gebruikmaakten van de titel van dit boek. Daardoor kwamen we veel te weten over de manier waarop door vrijgevestigden werd aangekeken tegen ROM en benchmarken.

Voor het toetsen van aannames, vragen over aanvullende ervaringen, een feitencheck of verdiepende informatie willen we de volgende mensen bedanken: Kim de Jong, werkzaam bij het Leids Universitair Medisch Centrum en Psychologie La Croix; Jaap van Weeghel, werkzaam bij Kenniscentrum Phrenos, de Tilburg University en Dijk en Duin; Elsbeth Emsbroek, eigenaar van psychologenpraktijk 'Oud West'; Nina Molendijk, werkzaam bij Karakter; Jeroen Muller, werkzaam bij Arkin; Kees Graveland en Hilco Frens, beide werkzaam bij VitalHealth Software; Carrie Bowers, werkzaam bij OQ Measures; Caroline van Egmond, werkzaam bij Pearson Benelux BV; Han Laarhuis, werkzaam bij InfinitCare; Erik de Groot en Esther Scherjon, beiden werkzaam bij Dimence; Astrid van Meeuwen, Maarten Erenstein en Edwin de Beurs, allen werkzaam bij de Stichting Benchmark GGZ; Wessel Vleij, werkzaam bij Reflectum; Marco Essed en Etiënne van de Leur, beide werkzaam bij Telepsy; Eveline van den Heuvel, werkzaam bij NETQ Healthcare; Carmen Sanders, werkzaam bij Intramed; Ingrid Krassenburg en Lilian Radder, beiden werkzaam bij Brijder Verslavingszorg; Ingrid Carlier, werkzaam bij het Leids Universitair Medisch Centrum; Julia Larsen, werkzaam bij De Praktijk Index; Dirk Ubbink, Marcel Fabriek en Lucille Ong, allen werkzaam bij het Academisch Medisch Centrum in Amsterdam; Pauline Gantvoort, werkzaam bij Santeon; René Voesenek, werkzaam bij GGz Breburg; Gabriëlle van Son, werkzaam bij Rivierduinen en Wencke de Wildt, werkzaam bij Jellinek.

Voor ons hoofdstuk over benchmarken in de verslavingszorg, dat is verschenen in het boek *Behandeluitkomsten. Bron voor kwaliteitsbeleid in de ggz* zijn interviews gehouden met medewerkers van Arkin, Jellinek, Novadic-Kentron, Brijder Verslavingszorg, Bouman GGZ en Castle Craig. Uiteraard is van die input ook gebruikgemaakt in dit boek.

Het enthousiasme en de aanmoedigingen van Yulma Perk en Hester Presburg van uitgever BSL hebben ervoor gezorgd dat we aan het boek zijn begonnen, dat we het hebben afgemaakt én dat het is verschenen. De inspanningen van Timon Meynen (Meynen Tekstadvies) hebben ervoor gezorgd dat er veel foutjes en inconsistenties uit de tekst zijn gehaald, waarvoor dank.

Voorwoord

Al deze personen, maar zeker ook de teams, hulpverleners, onderzoekers, beleidsmedewerkers, functioneel beheerders, secretarieel medewerkers, managers en directeuren met wie we de afgelopen tijd in dit kader te maken hebben gehad, hebben allen waardevolle directe en indirecte invloed op dit boek gehad.

Tijdens het sparren en de samenwerking met Ellis Baron en Maarten Merkx in de afgelopen jaren kwam de combinatie ROM en MGV op tafel. Het resulteerde in het geven van gezamenlijke trainingen waar deelnemers altijd heel enthousiast en geïnspireerd door raken. Dat is zeer belangrijk in een veld waar de weerstand in eerste instantie groot is. Samen met hen voor een groep staan is voor ons altijd zeer inspirerend, en we leren veel van hun jarenlange trainerservaring. We consulteerden hen regelmatig over dit boek, en al snel werd duidelijk dat het boek niet compleet zou zijn zonder een zeer concrete handreiking aan hulpverleners over hoe ROM aan een bewezen effectieve strategie voor gedragsverandering te koppelen is en zo effectieve feedback kan worden gewaarborgd. Wij zijn heel blij dat zij dat deel ter hand hebben genomen en dat wij daaraan hebben kunnen bijdragen.

Suzan Oudejans
Masha Spits

Inhoud

1	**Waar is ROM goed voor?**	1
1.1	Een effectieve behandeling	2
1.2	Een verwarrende afkorting	6
1.3	De kracht van meten	7
1.4	Autonomie van de cliënt	8
1.5	Transparantie voor de cliënt	9
1.6	Shared decision making	10
2	**Uitkomsten bepalen**	13
2.1	Meerdere uitkomsten monitoren	14
2.2	Generiek of specifiek vaststellen	17
2.3	Vaststelling van behandelvoortgang door wie?	17
2.4	Cliënttevredenheid	18
2.5	Wanneer is verandering verbetering?	19
2.6	Treatment failure	20
3	**Gepast gebruik van de ggz**	23
3.1	Kosten van de geestelijke gezondheidszorg	24
3.2	Stoppen is moeilijk	24
3.3	Waardegedreven zorg	24
3.4	Kwaliteit vaststellen	26
3.5	PROM's en PREM's	27
3.6	Wanneer is zorg gepast?	27
3.7	Kosten en baten	28
4	**Leren van ROM**	31
4.1	ROM, benchmarken en transparantie	32
4.2	Benchmarken tussen instellingen	37
5	**Verplichtingen en vrijheden**	39
5.1	Verplichtingen	40
5.2	Stichting Benchmark GGZ	41
5.3	Vrijheden	44
6	**Meetinstrumenten**	47
6.1	Type meetinstrumenten	48
6.2	Generieke meetinstrumenten	48
6.3	Meetinstrumenten om herstel te meten	55
6.4	Generiek of diagnosespecifiek?	56
6.5	Het kiezen van het juiste meetinstrument	57
7	**Meetinstrumenten afnemen**	61
7.1	Papieren vragenlijsten	62
7.2	ROM-software	63

7.3	Kosten	64
7.4	De juiste uitkomsten verzamelen: training	65
7.5	Uitkomsten op geaggregeerd niveau	65
8	**Randvoorwaarden**	67
8.1	Introduceren van ROM	68
8.2	Gespreksvaardigheden	71
8.3	Van getal naar tekst	72
8.4	Doorgaan, stoppen of veranderen: uitkomsten bespreken in het team	73
9	**Benchmarken**	79
9.1	Wat is benchmarken nou precies?	80
9.2	Betrokken partijen	81
9.3	Benchmarkuitkomsten op waarde schatten	81
10	**Leren van uitkomsten**	89
10.1	Benchmarken via SBG	90
10.2	Benchmarken tussen vrijgevestigden	91
10.3	Intern benchmarken	91
10.4	Data uit de praktijk: handreikingen voor analyse	92
10.5	Uitkomsten presenteren	95
10.6	In actie komen	96
11	**Uitkomsten terugkoppelen met motiverende gespreksvoering**	101
11.1	Inleiding	102
11.2	Wat is motiverende gespreksvoering	103
11.3	Motiverende gespreksvoering en ROM	106
11.4	De praktijk	111
11.5	Ten slotte	118
	Bijlagen	119
	Software leveranciers	120
	Lijst van afkortingen	121
	Literatuur	123
	Register	132

Over de auteurs

Dr. Suzan Oudejans is onderzoeker en adviseur op het gebied van ROM en effectiviteit. In 2009 rondde ze haar proefschrift af over leren van uitkomsten in de verslavingszorg. Ze is auteur van een aantal hoofdstukken en publicaties over ROM en benchmarken. Hiernaast is ze gespecialiseerd in methodologie, statistiek en vragenlijstconstructie. In 2010 richtte zij met Masha Spits onderzoeksbureau Mark Bench op. Het bureau is gespecialiseerd in ROM en benchmarking in de ggz.

Drs. Masha Spits is onderzoeker en adviseur op het gebied van ROM en effectiviteit. Zij was projectmedewerker bij een van de eerste Nederlandse ROM-projecten in de verslavingszorg. Hiernaast is ze gespecialiseerd in opinieonderzoek over de ggz, stigmatisering en preventie.
In 2010 richtte zij met Suzan Oudejans onderzoeksbureau Mark Bench op. Het bureau is gespecialiseerd in ROM en benchmarking in de ggz.

Dr. Maarten Merkx is trainer, gz-psycholoog/psychotherapeut en cognitief gedragstherapeut VGCt. Hij geeft trainingen in motiverende gespreksvoering, cognitieve gedragstherapie, Routine Outcome Monitoring, shared decision making en cognitieve gedragstherapie. In 2016 rondde hij een proefschrift af over indicatiestelling in de verslavingszorg. Hij is directeur onderwijs en onderzoek bij de HSK Groep.

Drs. Ellis Baron is psycholoog en trainer, en heeft ervaring als behandelaar in de verslavingszorg en forensische setting. Via Habit Pro verzorgt ze trainingen op het gebied van motiverende gespreksvoering, shared decision making, Routine Outcome Monitoring en cognitieve gedragstherapie.

Waar is ROM goed voor?

1.1 Een effectieve behandeling – 2
1.1.1 **Een optimistische blik – 3**
1.1.2 Een betere behandeling door feedback van uitkomsten – 4

1.2 Een verwarrende afkorting – 6

1.3 De kracht van meten – 7

1.4 Autonomie van de cliënt – 8

1.5 Transparantie voor de cliënt – 9

1.6 Shared decision making – 10

© Bohn Stafleu van Loghum, onderdeel van Springer Media B.V. 2018
S. Oudejans en M. Spits, *Snel succes met ROM*, DOI 10.1007/978-90-368-1726-4_1

1.1 Een effectieve behandeling

Het ligt zo voor hand: wie wil nou géén effectieve behandeling bieden? Iets toevoegen aan iemands leven, mensen helpen, de pijn verzachten: het zijn veelgehoorde drijfveren van jonge psychologiestudenten. En die drijfveer blijft, ook als ze later carrière hebben gemaakt als hulpverlener, manager of bestuurder. Ze zien het als hun taak om mensen zich beter te laten voelen en optimisme bij te brengen, en het geeft voldoening als dat lukt en een cliënt tot nieuwe inzichten komt.[1] Cliëntcontact werd door 110 psychiaters genoemd als de belangrijkste bijdrage aan de tevredenheid over het werk (Duffy en Richard 2006).

Maar hoe weet je nu of de behandeling heeft geholpen? Is dat als je cliënt weer aan het werk is? Als je het idee hebt dat die weer wat optimistischer is, of tegen je zegt dat het een stuk beter gaat? Vraag het vijf psychologen en je krijgt net zo veel verschillende antwoorden. Dat is wel gek. Er zijn congressen, richtlijnen en boeken over het belang van evidencebased behandelen en tegelijkertijd zijn er veel sceptici als het gaat om het systematisch en cijfermatig evalueren van de uitkomsten van de behandeling om vast te stellen of er progressie is opgetreden.

Misschien komt dat omdat hulpverleners niet erg gewend zijn om op die manier naar de opbrengsten van hun werk te kijken. De drijfveer om mensen te helpen, beter te maken, heeft in de werkelijkheid van de geestelijke gezondheidszorg (ggz) namelijk ruw kennisgemaakt met de opdracht van managers en bestuurders om 'de productie te halen'. De sector wordt betaald op basis van verrichtingen: het aantal minuten of sessies dat aan een behandeling besteed is. Of de behandeling heeft geholpen, maakte lang niet veel uit bij de vergoedingen die verzekeraars uitbetalen aan hun contractanten. Dus is het niet gek dat de focus daar niet op gericht is.

Het is ook bepaald niet gemakkelijk om te bepalen wat de uitkomst van een behandeling is, laat staan hoe je die het best vast kunt stellen. Toch is het geen onontgonnen terrein: in wetenschappelijk onderzoek is dit de gewoonste zaak van de wereld. Doorgaans worden wetenschappelijke resultaten voor angstbehandelingen beoordeeld op de afname van het angstniveau, depressiebehandelingen op een afname van de depressieklachten en behandelingen in de verslavingszorg op de afname van het middelengebruik. Men spreekt daarbij over 'primaire uitkomsten': je evalueert datgene wat de behandeling beoogt te bewerkstelligen, en op basis daarvan beslis je of de behandeling *daarvoor* werkzaam is. Dat hoeft overigens niet altijd het verdwijnen van de stoornis of de afname van de psychische klachten te zijn. Er zijn in de ggz genoeg behandelingen die zich op wat anders richten dan de klachten die bij de specifieke aandoening horen. Zo was het doel van het project 'Heroïne op medisch voorschrift' (waarin langdurig verslaafde cliënten in plaats van een behandeling gericht op het stoppen van gebruik, heroïne kregen voorgeschreven) het verbeteren van de lichamelijke, geestelijke en sociale toestand van de cliënten. Als dit laatste gebeurde, én als cliënten op andere gebieden niet al te veel achteruitgingen, dan werd de behandeling als succesvol beschouwd (Brink et al. 2003). In de chronische psychiatrie, waar vooral mensen met ernstige psychiatrische aandoeningen (ook wel de EPA-groep genoemd) zoals schizofrenie worden behandeld, gaat de aandacht vooral uit naar het functioneren op verschillende

---

1 ▸ https://www.youtube.com/watch?v=QGLj286IJ8w.

levensgebieden en het stabiliseren van psychische klachten. Het verbeteren of genezen van de psychiatrische stoornis is ook daar geen eerste speerpunt. Naar iets anders of naar meer kijken dan het verdwijnen van de stoornis kan ook belangrijk zijn bij hulpverlening aan cliënten met minder chronische aandoeningen. Zo is er in het Academisch Medisch Centrum veel aandacht voor de terugkeer naar werk van cliënten met een depressie. Het is een gespreksonderwerp bij de behandeling en een heel belangrijke uitkomst waarmee het effect van de ergotherapie wordt geëvalueerd (Hees et al. 2013).

1.1.1 Een optimistische blik

In de dagelijkse praktijk van de ggz is men niet erg gewend om op uitkomsten geëvalueerd, of wat minder vriendelijk gezegd: afgerekend, te worden. Toch is er misschien nog een andere, belangrijke reden voor het achterblijven van de interesse bij hulpverleners voor het gestructureerd meten van uitkomsten van behandelingen. Die heeft te maken met het beeld dat hulpverleners van zichzelf hebben als het gaat om de effectiviteit van hun behandelingen. In een onderzoek onder 129 hulpverleners bleek namelijk dat geen van hen zichzelf beoordeelde als 'minder goed dan gemiddeld'. Ook schatten zij dat bijna tachtig procent van hun eigen cliënten verbetering boekte en dat nog geen vijf procent achteruitging (Walfish et al. 2012). Bijna de helft van de hulpverleners gaf aan dat géén van hun cliënten achteruitgang. Een goed zelfbeeld is gezond en verhoogt het werkplezier, maar in dit geval is het niet erg realistisch. In de meeste gerandomiseerde onderzoeken knapt zo rond de zestig procent van de cliënten op, en dit percentage ligt in de dagelijkse praktijk flink lager. Daar knapt gemiddeld 35 % van de cliënten op, en zo'n acht procent gaat zelfs achteruit (Hansen et al. 2002). Nu kan het zo zijn dat de hierboven genoemde ondervraagde hulpverleners allen tot de top behoorden, maar zelfs dan lijkt hun inschatting nog te optimistisch: zelfs onder de cliënten van de beste tien procent van de hulpverleners zijn er die achteruitgaan gedurende de behandeling (Walfish et al. 2012). De beschikbare Nederlandse cijfers zijn overigens iets beter:[2] in de verslavingszorg krijgt iets meer dan vijftig procent van de cliënten het middelengebruik onder controle (Oudejans et al. 2012) en bij de behandeling van stemmings-, angst- of somatoforme stoornissen blijkt bijna 65 % verbeterd (Kiers 2016; SBG 2016).

Hulpverleners leveren dus minder 'genezen' cliënten af dan ze denken. De 'klinische blik' – een combinatie van kennis, ervaring en intuïtie – blijkt onvoldoende om het eindresultaat van een behandeling goed in te kunnen schatten. Dat geldt ook voor het succes van de behandeling als die nog gaande is: ook daar is het voor hulpverleners moeilijk om cliënten die niet (voldoende) reageren te herkennen. Ze zijn dan te optimistisch: daar waar hulpverleners dachten dat slechts één procent zou verslechteren, bleek dat in werkelijkheid voor zeven procent te gelden. Een algoritme dat was gebouwd op basis van bestaande data, wees bijna alle verslechterde gevallen correct aan (Lambert et al. 2002). Er valt dus veel winst te behalen als hulpverleners bereid zijn zich meer te laten leiden door gestructureerde gegevens die met vragenlijsten worden verzameld en getoetst worden aan bestaande

---

2   En met andere – minder strenge – criteria vastgesteld dan in de studie van Hansen.

data over behandelvoortgang. Cliënten die niet vooruitgaan worden dan tijdig gesignaleerd.

1.1.2 Een betere behandeling door feedback van uitkomsten

Enige correctie en bijsturing bij besluitvorming over de behandeling is dus niet onwelkom. Ook moeten we kijken naar de vraag hoe je een goede hulpverlener wordt. Psychologen in opleiding tot hulpverlener starten al tijdens hun universitaire opleiding met stages, die worden gevolgd door opleidingen en gesuperviseerde trajecten op verschillende afdelingen in de opleidende instellingen. Daarna vindt er nog een leven lang nascholing plaats. Het idee is dat hulpverleners beter worden door training, oefening en feedback. Het gekke is dat er in onderzoeken vaak geen of erg wisselende samenhang wordt gevonden tussen ervaring, training en supervisie enerzijds en uitkomsten van de behandeling anderzijds (Okiishi et al. 2003; Sapyta et al. 2005). De verklaring daarvoor kan liggen in het feit dat de feedback die hulpverleners (en hun supervisoren) ontvangen eigenlijk zelden gaat over het succes of het falen van de behandeling. Een van de effectiefste leerstrategieën is onmiddellijke feedback op wat goed gaat (Kindermans 2016). Die ontbreekt nu vaak, of hulpverleners maken er geen gebruik van. Om duidelijk te maken wat dat betekent, maakten enkele Amerikaanse onderzoekers de vergelijking met leren boogschieten terwijl je geblinddoekt bent: hoe getalenteerd je ook bent, zonder feedback over of je je uiteindelijke doel haalt of niet, zul je gewoonweg niet beter worden (Sapyta et al. 2005). Ook is het belangrijk dat het succes of falen wordt vastgesteld door iemand anders dan de hulpverlener. Dat kan een externe expert zijn, een onafhankelijke interviewer, maar steeds vaker gaat men uit van de zelfbeoordeling door de cliënt: in hoeverre ervaart die verbetering? Dat wordt bedoeld met de term cliëntgericht onderzoek: de hulpverlening wordt verbeterd door de hulpverlener te informeren over de gezondheidstoestand vanuit het perspectief van de cliënt (Sapyta et al. 2005). Als dat informeren veelvuldig gebeurt tijdens de behandeling, dan spreekt men van Routine Outcome Monitoring, ook wel ROM.

Feedback is dus het sleutelwoord. Zonder die geen verbetering. Toch is feedback geen panacee: hij zorgt voor betere uitkomsten, maar niet bij iedereen. Een verklaring kan zijn dat niet elke hulpverlener even goed overweg kan met deze vorm van feedback. Als die er negatief tegenover staat en hem niet echt tot zich neemt, dan zal de cliënt er niet van profiteren. Kim de Jong, die in Nederland veel onderzoek doet naar ROM, zocht uit in hoeverre voorkeuren voor feedback en vertrouwen in de eigen competenties samenhingen met het gebruik van de verstrekte feedback (Jong et al. 2012). Als het gaat om voorkeuren voor feedback, dan kunnen mensen interne of externe voorkeuren hebben. Mensen met een interne voorkeur hechten niet zoveel waarde aan feedback van anderen en vertrouwen liever op hun eigen oordeel. Terwijl mensen met een voorkeur voor externe feedback daar juist wel waarde aan hechten. Dat bleek dan ook het geval: mensen die een grotere voorkeur hadden voor externe feedback, hadden een positiever oordeel over ROM en over de validiteit van de feedback. De mate van vertrouwen in de eigen competenties bleek niet erg veel uit te maken.

In veel onderzoek wordt gevonden dat het meten en terugkoppelen van resultaten uit vragenlijsten bijdraagt aan het welslagen van de behandeling. Dat past bij bevindingen uit sociaalpsychologisch onderzoek uit de jaren negentig van de vorige eeuw, waaruit duidelijk werd dat feedback leidt tot beter presteren, maar ook uit de klinische praktijk komen steeds meer signalen dat feedback leidt tot betere uitkomsten (Sapyta et al. 2005). Van cliënten die in eerste instantie niet goed reageerden op de behandeling, verslechterde uiteindelijk twintig procent. Voor de cliënten van hulpverleners die hierover feedback ontvingen, was dat percentage lager, namelijk 13,6 %. Kregen de hulpverleners ook nog eens specifieke beslissingsondersteuning – gefundeerd advies over wat ze het best konden besluiten –, dan ging dit percentage nog verder omlaag, naar 11,3 % (Shimokawa et al. 2010).

Ruim veertig jaar geleden geloofde men nog dat het delen van resultaten uit psychologische tests schadelijk kon zijn voor een cliënt (Poston en Hanson 2010). Er zijn aanwijzingen dat meten alleen (zonder feedback aan de hulpverlener en betrokkenheid van de cliënt) geen snars oplevert (Poston en Hanson 2010). Als het gebruik van tests en vragenlijsten dus samengaat met gepersonaliseerde feedback, dan profiteren cliënten er wél van, met name cliënten van wie de resultaten achterblijven, maar ook bij de anderen leidt het bespreken van resultaten tot betere uitkomsten (Shimokawa et al. 2010). Zonder terugkoppeling levert meten niks op. Dat kan weer verklaren dat hulpverleners die meten omdat het nou eenmaal moet en niet op de hoogte zijn van het therapeutische effect van terugkoppeling inderdaad geen effecten zien en er dus niet in geloven.

Feedback als gereedschap

Feedback van behandeluitkomsten is een van de belangrijke gereedschappen die je als hulpverlener hebt om je cliënt zo goed mogelijk te helpen. Naast behandelprotocollen, gespreksvaardigheden, empathisch vermogen en ervaring vormen kwantitatieve gegevens uit vragenlijsten een belangrijke pijler voor het maken van (gedeelde) behandelbesluiten. Scores op vragenlijsten zijn een belangrijke ondersteuning van de diagnose. Die lijn kan doorgezet worden door ze ook verderop in de behandeling te gebruiken ter ondersteuning van behandelbesluiten. Je kunt scores op een vragenlijst beschouwen zoals een huisarts de bloeddruk of bloedwaarden: ondersteunende informatie die hij/zij minder makkelijk of minder snel in een gesprek kan vaststellen. Deze staat naast de informatie die een arts krijgt uit het gesprek met de cliënt en uit de indruk en inschatting van de gezondheid van een cliënt die hij/zij zelf heeft. Met dit complete beeld (het individuele verhaal, de eigen indruk én kwantitatieve gegevens) stelt hij/zij vervolgens een diagnose en neemt verdere besluiten.

Voordat je nu alle cliënten een batterij vragenlijsten gaat voorleggen, is het belangrijk om te weten dat meten en feedback krijgen en geven vooral lijkt te werken voor cliënten wiens behandelresultaten achterblijven. Juist bij díe cliënten is, zoals we zojuist hierboven hebben gezien, meten en terugkoppelen extra belangrijk. Hulpverleners hebben daar namelijk over het algemeen minder oog voor, of blijven hopen op verbetering als het even niet goed gaat. Met die cliënten zou je in gesprek kunnen gaan over het waarom van het achterblijven van de resultaten of je kunt via vragenlijsten die andere – procesmatige – aspecten vaststellen om er meer over te weten te komen. Het Amerikaanse OQ Measures heeft daarvoor naast een generieke klachtenlijst (Outcome Questionnaire, OQ-45) een set extra vragen beschikbaar die vaststelt hoe het gaat met de therapeutische relatie en de motivatie van de cliënt, welke ingrijpende gebeurtenissen zich eventueel hebben voorgedaan en welke sociale steun aanwezig is (Harmon et al. 2005; Lambert 2010b). Dat zijn de domeinen waarvan wordt *verondersteld* dat ze de behandeluitkomst beïnvloeden. Deze vragen worden gesteld aan cliënten wiens behandeling onvoldoende resultaten oplevert (de zogenaamde *not on track*-cliënten), en vervolgens geeft een beslisboom aan op basis van welke scores welke acties ondernomen moeten worden.

1.2 Een verwarrende afkorting

In de praktijk wordt veelal gesproken over 'de ROM invullen' en 'we moeten ROMmen'. Maar waar de afkorting precies voor staat en wat ROM precies inhoudt is niet altijd bekend. De term ROM is ook verwarrend, omdat de afkorting wordt gebruikt voor meerdere begrippen. Met name de M in de afkoring staat voor meerdere zaken, te weten measurement, monitoring en management. Routine Outcome *Measurement* staat voor het vaststellen van een eindresultaat van de behandeling. Daarvoor volstaat een begin- en eindmeting. Het routinematig volgen en ook terugkoppelen van de behandeluitkomsten gedurende de lopende individuele behandeling wordt Routine Outcome *Monitoring* genoemd. Het past binnen de tendens om de zorg te professionaliseren en de klinische blik van hulpverleners te ondersteunen met gestandaardiseerde, cijfermatige informatie. Dat zou leiden tot minder *treatment failures* en betere behandelresultaten van individuele cliënten. Eigenlijk is dat niets nieuws: het gebruik van zelfrapportagevragenlijsten, zoals de Symptom Checklist-90 (SCL-90) of de Brief Symptom Inventory (BSI), om klachten in beeld te brengen is bij veel hulpverleners bekend en is opgenomen in behandelrichtlijnen. Het volgen van de behandelvoortgang met dergelijke vragenlijsten werd voornamelijk gedaan in wetenschappelijke settings (Lange et al. 2003), maar heeft sinds begin deze eeuw via het werk van Lambert en Miller geleidelijk de belangstelling gewekt van de behandelpraktijk (Lambert et al. 2003, 2001; Miller et al. 2005). Daaraan is ook de toevoeging *routine* te danken: het gaat hier niet om metingen die verricht worden voor geprotocolleerde wetenschappelijke onderzoeken, maar ze worden routinematig gedaan in de dagelijkse behandelsetting, om daar de kwaliteit te verbeteren.

Het terugkoppelen van deze metingen, geaggregeerd over groepen cliënten, bijvoorbeeld om uitspraken te doen over locaties, behandelprogramma's of organisaties, wordt Routine Outcome *Management* genoemd (Sperry et al. 1996). Het belangrijkste kenmerk van deze toepassing is continu leren van uitkomsten, als individu, als team of als organisatie. Hier hebben ze eigenlijk dezelfde functie als uitkomsten op individueel niveau: het ondersteunen van beslissingen. In dit geval zijn de uitkomsten meer gericht op teamleiders, praktijkeigenaren, behandelcoordinatoren of directeuren, maar ook voor individuele hulpverleners is het zinnig om te weten hoe de uitkomsten van de gehele cliëntenlast er nu uitziet. Het gaat hierbij dus om gekwantificeerde, gestructureerde informatie over groepen cliënten (van één team, locatie, organisatie of hulpverlener), die wordt gebruikt om indrukken, anekdotes of waargenomen patronen mee te bevestigen óf te ontkrachten. Dat ondersteunt duurzame, overwogen besluiten en voorkomt beleid dat zich niet vertaalt in betere behandelingen. Een toepassing die daarvan afgeleid is, is benchmarken. Benchmarken is het leren van gelijksoortige anderen, door gegevens te vergelijken. In de ggz betekent het dat uitkomsten inzichtelijk gemaakt worden en worden vergeleken met andere instellingen, locaties, afdelingen of hulpverleners

(Beurs 2011a). Het idee is dat transparantie over de uitkomst van de behandeling voor alle partijen, dus ook voor cliënten en financiers, leidt tot reflectie, discussie en bijstelling bij de aanbieders en daarmee tot kwaliteitsverbetering. Men denkt zelfs dat het openbaar maken van dergelijk informatie op zichzelf al leidt tot kwaliteitsverbetering, hoewel de wetenschappelijke aanwijzingen daarvoor nogal wisselend zijn (Berger et al. 2013). Op de manier waarop daaraan in de huidige opzet in de Nederlandse ggz vormgegeven wordt, is onderwerp van veel discussie en kritiek (Jong et al. 2017; Schoevers en Beekman 2017; Os et al. 2017).

1.3 De kracht van meten

Wat gebeurt er als hulpverleners niet doorhebben dat hun cliënten verslechteren? Hoe kan dat, ze zijn toch professioneel opgeleide hulpverleners? Die hebben toch oog voor hun cliënten? De eerste en belangrijkste verklaring luidt: ze zijn menselijk. Zoek op internet maar eens op het *'better than average effect'*. Mensen schatten zichzelf over het algemeen beter, unieker, slimmer en socialer in dan gemiddeld. Of het nu gaat om positieve persoonlijkheidskenmerken, je best doen op school, autorijden of zelfs condoomgebruik: als je mensen vraagt hoe goed ze het doen in vergelijking met anderen, dan vindt de meerderheid zichzelf vaak beter dan de rest (Brown 2012; Kuyper et al. 2011). Dat fenomeen schijnt nog wat sterker te zijn voor zaken die worden waargenomen als beïnvloedbaar of controleerbaar, iets wat misschien wel opgaat voor therapeutische vaardigheden, waar tenslotte jaren van studie en oefening in zitten. Inderdaad, in een onderzoek werd gevonden dat óók gedragstherapeuten hun vaardigheden op het vlak van gedragstherapie overschatten (Waller 2009).

De tweede verklaring wortelt ook in de menselijkheid van hulpverleners, en die heeft te maken met de zogenaamde *therapist drift*: het op geleidelijke en onopgemerkte wijze verlaten van de in het behandelprotocol voorgeschreven taken. In de cognitieve gedragstherapie betekent dat vaak dat de therapie geleidelijk aan verandert in een praattherapie in plaats van de oorspronkelijke bedoelde doe-therapie (Waller 2009). En dan werkt de behandeling niet meer, in elk geval niet meer zo goed. Exposure bij angststoornissen werkt, omdat mensen daadwerkelijk in de angstige situatie komen en merken dat hun verwachtingen niet uitkomen. Het is de taak van de hulpverleners om de cliënt zover te krijgen dat die de angst en de gevolgen echt gaat ervaren (Kindermans 2016). Dat vinden hulpverleners vaak moeilijk. Het geleidelijk verlaten van de in het behandelprotocol voorgeschreven taken is de therapist-drift, en dat therapieën daardoor onbedoeld de mist ingaan, is te wijten aan de cognities, de emoties en het gedrag van de hulpverlener zélf. Ook hulpverleners hebben last van de fundamentele attributiefout, namelijk dat het falen van de behandeling niet aan hen ligt, maar aan de therapie zelf, of aan de cliënt. Daarnaast opereren hulpverleners binnen een set van schema's van de rol die ze hebben, waardoor ze soms vooringenomen kijken naar wat werkt en het moeilijk vinden om het tegendeel waar te nemen. Er zit soms nogal wat spanning tussen de harde gegevens over therapeutische vooruitgang en de waarneming van de hulpverlener zelf – de klinische blik –, zoals we eerder al zagen. Soms hebben hulpverleners een vrij beperkte blik in termen van succes van een therapie: ze zien een toename in kwaliteit van leven, maar zien over het hoofd dat de klachten er nog wel zijn (onderzoekers wordt overigens soms het tegenovergestelde verweten: alleen maar kijken naar afname van klachten en symptomen, en niet naar de kwaliteit van leven). Een laatste cognitie die debet kan zijn aan de therapist-drift, is wat ook wel als 'magisch denken' wordt bestempeld: een voorbeeld is een cliënt wiens depressieve klachten op een vragenlijst een paar punten verschuiven, maar die daardoor wél van de categorie 'gemiddeld' naar 'mild' gaat. Hoewel de verbetering maar klein is, gaat de aandacht volledig naar de verbetering van categorieën. De emoties van hulpverleners zijn volkomen normaal en begrijpelijk, maar kunnen wel net zo problematisch zijn als de cognities. Die emoties kunnen betrekking hebben op onzekerheid over het eigen presteren, op angst en schaamte voor negatieve evaluaties, of juist op grote opgetogenheid over positieve resultaten. De meeste zijn een motivatie om het steeds beter te doen, maar ze kunnen ook leiden tot het vermijden van het bespreken van casussen of tot te snel tevreden zijn met kleine veranderingen. Ten slotte kan het gedrag van hulpverleners op nog twee manieren schadelijk zijn: gedreven door de werkcontext kan uitputting of een te hoge cliëntenlast betekenen dat men verminderde aandacht of flexibiliteit heeft, minder bijscholing volgt of leidt aan concentratieverlies en stress. De tweede manier heeft te maken met veiligheidsgedrag van de hulpverlener zelf: het onvermogen om werkelijk aan te dringen op gedragsverandering door het uitvoeren van opdrachten, dingen te 'doen' in plaats van erover te praten, ondanks het bewijs dat dat het best werkt voor het bereiken van gedragsverandering. Het is de opdracht van de hulpverlener om de gezondheid van de cliënt te verbeteren en die is moeilijk te verenigen met het feit dat cliënten tijdens de behandeling soms angstiger worden omdat ze hun opdrachten moeten uitvoeren. Dat kan bij hulpverleners twijfel oproepen over of ze wel het juiste doen, of hen ertoe verleiden om de cliënt te ontzien en niet verder aan te dringen op het doen van de oefeningen. Dergelijk hulpverlenersgedrag kan op de korte termijn verlichting brengen, maar draagt niet bij tot het opknappen van de cliënt op de lange duur (Waller 2009). Glenn Waller, zélf hulpverlener en specialist op het gebied van eetstoornissen en het fenomeen 'therapist drift', wijst regelmatige en frequente meting en feedback van uitkomsten aan als een van de sleuteloplossingen voor dit fenomeen: het biedt de kans om te leren van fouten, te leren wat voor wie werkt, en te leren van die hulpverleners die het voor elkaar krijgen om de werkzame elementen van therapieën langdurig hun werk te laten doen (Waller en Turner 2016).

1.4 Autonomie van de cliënt

Diezelfde Waller stipt ook aan dat monitoring en feedback van uitkomsten hét kenmerk is van de gemeenschappelijke benadering waarin cliënt en therapeut samenwerken aan het begrijpen van de problemen, het vaststellen van de impact van de therapie en het plannen van gedragsverandering (Waller en Turner 2016). Het erkent de autonomie van de cliënt (een belangrijke voorwaarde voor gedragsverandering), doordat er aan de hand van een extern, onafhankelijk criterium wordt vastgesteld óf er een probleem is, wat het probleem precies is, en gedurende de behandeling of de gekozen oplossing of aanpak bijdraagt aan het verminderen van het probleem (Merkx en Baron 2016). Het bevordert de autonomie en ondersteunt het samen beslissen, doordat zowel hulpverlener als cliënt dezelfde informatie bekijkt (namelijk de scores op de vragenlijsten) en dat niet de een over de ander oordeelt of dat er maar één perspectief wordt gekozen. Met het invullen van de vragenlijsten geeft de cliënt de benodigde informatie om zo goed mogelijk geholpen te worden. Het is dus een verantwoordelijkheid die hij of zij draagt in de therapie. De feedback over behandeluitkomsten geeft de mogelijkheid om aan de orde te stellen wat de cliënt zelf heeft gedaan dat heeft bijgedragen aan de verbetering, of wat die kan doen aan dingen die bijdragen aan minder klachten in de toekomst. Die autonomie komt ook tot uitdrukking bij het beoordelen of waarderen van de behandeluitkomsten: wat vindt de cliënt van de verbetering/verslechtering, is die acceptabel of niet?

Monitoring en feedback ondersteunen ook andere basisvoorwaarden voor verandering, te weten ontwikkeling en ondersteuning van competenties en interpersoonlijke relaties (Oudejans en Baron 2016). Belangrijke competenties om te veranderen zijn zelfvertrouwen en de overtuiging dat veranderen belangrijk en haalbaar is. Verbeteringen in behandeluitkomsten kunnen bevestigend en motiverend zijn om de soms zware en vervelende therapieoefeningen te (blijven) doen. Tegelijkertijd kunnen een lage score of schommelingen op een vragenlijst ruimte voor verbetering aantonen. Monitoring en feedback spelen tevens een rol bij de aandacht voor interpersoonlijke relaties, als voorwaarde voor verandering. Ten eerste bestendigt het bespreken van behandeluitkomsten de werkrelatie tussen cliënt en hulpverlener. Ten tweede bieden meetinstrumenten die informatie over interpersoonlijke relaties (familie, vrienden et cetera) geven, goede aanknopingspunten om dit thema in de behandelkamer te agenderen: welk effect heeft de verandering op de relaties met voor de cliënt belangrijke personen? Met wie heeft de cliënt betekenisvolle relaties en in hoeverre zullen die de verandering steunen?

Zo beschouwd ondersteunen het afnemen van vragenlijsten en het terugkoppelen van behandeluitkomsten het creëren van de voorwaarden voor gedragsverandering.

1.5 Transparantie voor de cliënt

Een andere kracht van meten is dat het leidt tot transparantie. Transparantie is een woord dat in de zorg, én dus ook in de ggz, vaak samengaat met concepten als kwaliteitsdenken, benchmarken, verantwoorden, verzekeraars en kosten (Bruinsma et al. 2012). Termen die op het eerste gezicht weinig van doen hebben met wat er in de behandelkamer gebeurt. Toch is dat wel het geval. Ten eerste is de feedback van behandeluitkomsten via vragenlijsten gedurende de behandeling (Routine Outcome *Monitoring*) de ultieme vorm van transparantie: het geeft een heldere, gekwantificeerde, onafhankelijke kijk op hoe de klachten er uitzien, op welke gebieden ze zich afspelen en wat de behandeling oplevert. Als cliënt hoef je je niet af te vragen wat zich nu in het hoofd van de hulpverlener afspeelt als het over psychische klachten en verbetering gaat, en als hulpverlener hoef je minder te gissen naar wat een cliënt precies bedoelt met verbetering en verslechtering. Bovendien geeft het beiden – en dat is waarschijnlijk het allerbelangrijkste – een leidraad om de cijfers verder aan te vullen en van een context te voorzien. Een belangrijk instrument voor transparantie dus.

ROM in de behandelkamer behelst ook een vergelijking met normgroepen, die de cliënt informatie geeft over hoe het in het algemeen gesteld is met vergelijkbare cliënten of de algemene bevolking. Die tussentijdse resultaten kunnen aanleiding geven om een behandeling, in samenspraak met de cliënt, bij te stellen, aan te passen of af te sluiten. Het behandelproces is in wezen een kwaliteitscyclus op n=1-niveau: een mini-Plan-Do-Check-Act-cyclus. Na intake en diagnose wordt een behandelstrategie gekozen en uitgevoerd (Plan-Do) en mede door het gebruik van ROM wordt nagegaan of deze strategie het gewenste resultaat oplevert (Check), waarna er gekozen kan worden voor voortzetting, verandering of beëindiging (Act).

Ten tweede spelen de cijfers die gebruikt worden ten behoeve van benchmarken van behandelingen (Routine Outcome *Management*) en het informeren van de belanghebbenden wél degelijk ook een rol in de behandelkamer. De ggz stond wel bekend als een black box, zeker als het ging om behandeleffecten. Het was eigenlijk niet zo helder wat je nu als cliënt van een behandeling in de ggz kon verwachten en waar die toe leidde. Beschikbaarheid van valide cijfers over de effectiviteit van de sector, maar ook van verschillende aanbieders, praktijken en hulpverleners geven (toekomstige) cliënten keuze-informatie bij de vraag bij wie ze het best terechtkunnen voor hun klachten. Als ze eenmaal bij jou zitten, kun je dergelijke cijfers ook gebruiken om je cliënt voor te lichten over wat die nu kan verwachten van een behandeling bij jou of van een bepaalde behandelmethode. Die transparantie hoort ook bij de informatie over de medische situatie waar de cliënt in het kader van de Wet op de Geneeskundige Behandelingsovereenkomst recht op heeft: de hulpverlener moet uitleggen wat die met de behandeling wil bereiken, hoe lang die zal duren én wat de vooruitzichten zijn.[3] Voor dat laatste zijn uitkomstgegevens nodig op geaggregeerd niveau. Je kunt anders nooit een goede prognose geven.

1.6 Shared decision making

De tijd dat de dokter vertelde wat het beste voor de cliënt was, is voorbij. Net als consumenten zijn cliënten steeds mondiger geworden en dat zul je vast zelf ook merken in de behandelkamer. Cliënten hebben van tevoren geïnformeerd bij vrienden, familie of kennissen, maar ook het internet is een belangrijke informatiebron waarmee mensen zich voorbereiden op een bezoek aan een medicus. Of de informatie die ze hebben nu klopt of niet, je krijgt er als hulpverlener mee te maken, dus aan jou de taak om cliënten zo goed mogelijk te begeleiden naar de juiste keuze voor wat betreft behandelopties of andere beslissingen die van belang zijn voor het traject dat ze bij jou ingaan. Dat proces, cliënten goed informeren, hen ondersteunen bij en begeleiden in hun voorkeuren, en het gidsen of adviseren wanneer dat gepast is, wordt ook wel 'gedeelde besluitvorming' genoemd (Elwyn et al. 2012). In het Engels is de term misschien wat bekender: *shared decision making* (SDM). Het uitgangspunt is dat er drie bronnen van informatie zijn die betrokken worden in het beslissingsproces: de ervaringen van de cliënt, de ervaringen van de hulpverlener en de wetenschappelijke evidentie over verschillende behandelingen. Er zijn dus altijd twee experts aanwezig in de behandelkamer: de cliënt en de hulpverlener. Beide buigen en beraden zich over de beschikbare behandelopties en behandelvoorkeuren. Uiteindelijk kiezen ze samen

---

3 ▸ https://www.rijksoverheid.nl/onderwerpen/patientenrecht-en-clientenrecht/vraag-en-antwoord/welke-informatie-moet-ik-als-patient-krijgen-over-een-medische-behandeling.

die optie die het best past bij de mogelijkheden en voorkeuren die de cliënt heeft. Dat betekent dat de hulpverlener ervoor verantwoordelijk is om de cliënt zo goed mogelijk te informeren over het feit dat er meerdere opties zijn en dat sommige opties vanuit medisch perspectief aan te raden zijn; om de cliënt te voorzien van voldoende, begrijpelijke informatie over die opties; en om ondersteuning te bieden bij het overdenken van en overleggen over deze opties en bij het komen tot een keuze (Metz et al. 2015). Overigens speelt shared decision making zich gedurende de hele behandeling af: in het begin bij een keuze voor de behandelopties, maar ook later in het traject. Eigenlijk op ieder moment dat er keuzes gemaakt kunnen worden. De transparantie die de ROM-resultaten voor beide partijen geeft, maakt het gesprek gelijkwaardig en geeft beiden gereedschap om voorkeuren en kennis te agenderen.

Zowel ROM als shared decision making dragen bij aan het versterken van de positie en de stem van de cliënt tijdens de behandeling. ROM betekent input voor shared decision making. Zo draagt het uitleggen van een scorepatroon op een vragenlijst bij aan het begrip van de cliënt van waar die eigenlijk last van heeft ('Al deze schalen hebben te maken met de angst waar u eerder over vertelde'). Het is een vertrekpunt voor overleg en overwegingen waarmee hulpverlener en cliënt behandelopties kiezen en vaststellen wat het best past bij de voorkeuren, wensen en mogelijkheden van de cliënt. De overtuiging is dat dit leidt tot beter geïnformeerde cliënten en een grotere betrokkenheid bij besluiten over behandelopties (Metz et al. 2015). In de ggz is het tot dusver bij die overtuiging gebleven: er is (nog) geen empirische evidentie voor de werkzaamheid van SDM gepubliceerd.

Een bekend voorbeeld van een situatie waarin gedeelde besluitvorming een rol speelt, is medicatie zoals antipsychotica. Vanuit het oogpunt van de hulpverlener kan dit noodzakelijk zijn, omdat het de symptomen vermindert, terwijl cliënten een aversie hebben omdat het deactiverend werkt of omdat ze veel aankomen. Mogelijk heeft de cliënt eerder ervaring gehad met medicatie of kent die ervaringen van anderen. Door beide soorten kennis en ervaringen in te brengen en als gelijkwaardige partners te bespreken en te wegen, kan de keuze gemaakt worden al dan niet aan medicatie te beginnen, deze af te bouwen of andere medicatie te overwegen, ook al leiden ze misschien tot minder sterke symptoomreductie. De winst voor de cliënt zit mogelijk in een beter dagelijks functioneren of zich prettig in het eigen lichaam te voelen. Het is dan zaak om deze aspecten gestructureerd te monitoren en te bespreken, om er zeker van te zijn dat de verwachte effecten en doelen van de keuze ook bewerkstelligd worden. En om, als dat niet zo is, opnieuw in gesprek te gaan over de keuze.

Uitkomsten bepalen

2.1 Meerdere uitkomsten monitoren – 14

2.2 Generiek of specifiek vaststellen – 17

2.3 Vaststelling van behandelvoortgang door wie? – 17

2.4 Cliënttevredenheid – 18
2.4.1 Is cliënttevredenheid geen uitkomst dan? – 18
2.4.2 De cliënttevredenheid over de werkrelatie – 19

2.5 Wanneer is verandering verbetering? – 19

2.6 Treatment failure – 20
2.6.1 Het voorspellen van treatment failure – 20
2.6.2 Naderende treatment failure: wat nu? – 21

© Bohn Stafleu van Loghum, onderdeel van Springer Media B.V. 2018
S. Oudejans en M. Spits, *Snel succes met ROM*, DOI 10.1007/978-90-368-1726-4_2

2.1 Meerdere uitkomsten monitoren

Het ligt voor de hand om de doelen van de behandeling te monitoren: als je een depressie behandelt, dan is het zinnig om de depressiesymptomen te monitoren. Je kunt dan goed volgen of en in hoeverre de behandeling aanslaat. Al iets ingewikkelder wordt het als je een cliënt met schizofrenie behandelt: wat is dan het behandeldoel? Die aandoening verdwijnt niet zomaar. Dan is het mogelijk zinniger om je meer op het dagelijks functioneren of de kwaliteit van leven te richten. Al eerder, in het voorbeeld bij shared decison making, werd duidelijk dat cliënt en hulpverlener verschillende perspectieven op het succes van een behandeling kunnen hebben en dat het van belang is om ook negatieve bijeffecten van een behandeling te monitoren. Sommigen opperen het verder personaliseren van ROM, met flexibele meetintervallen en eventueel kwalitatieve gegevens in de vorm van een verhaal (Os en Delespaul 2017).

Grofweg spreekt men in de ggz als het gaat om het meten van behandelvoortgang over uitkomsten die gaan over *symptomen*, *functioneren* en *kwaliteit van leven* (Kendrick et al. 2016). Onder symptomen worden zaken verstaan die direct met de aandoening te maken hebben: bij een depressie zijn dat bijvoorbeeld onder meer interesseverlies, suïcidegedachten en passiviteit. Onder functioneren vallen aspecten als algemene dagelijkse levensverrichtingen en cognitief, sociaal en seksueel functioneren, maar ook (maatschappelijke) activiteiten en participatie. Uit een meta-analyse is gebleken dat ggz-behandelingen in een aantal van deze domeinen vooruitgang bewerkstelligen (Dooren et al. 2006). Met betrekking tot het functioneren is de benadering volgens de International Classification of Functioning, disability and health (ICF) interessant, hoewel daarin niet wordt gesproken over functioneren, maar over 'activiteiten en participatie' (Schippers et al. 2011). Met behulp van 'ICF Core Sets' worden activiteiten- en participatieaspecten beschreven die als gevolg van bepaalde aandoeningen aangedaan kunnen zijn. Het begrip kwaliteit van leven heeft objectieve en subjectieve aspecten. Het kan verwijzen naar de objectieve beperkingen die iemand heeft in zijn functioneren en de consequenties daarvan voor zijn levensomstandigheden, maar ook naar de subjectieve ervaring daarvan (RIVM 2015; Walburg 2003).

> **PROM's en ROM**
> Volgens Michael Porter, de pleitbezorger van Value-Based Health Care (VBHC), moet zorg waarde hebben voor de cliënt en die waarde wordt bepaald door de bereikte uitkomsten vanuit diens perspectief (Porter 2010). Daarom wordt er in VBCH – die zich ook uitstrekt over de somatische zorg – gesproken over medisch inhoudelijke uitkomsten én over PROM's: *patient reported outcome measures*. In het kader van VBHC zijn voor een tiental aandoeningen zogenaamde 'standard sets' van uitkomsten opgesteld. Voor cardiovasculaire aandoeningen bestaat die standaardset bijvoorbeeld uit de medisch inhoudelijke uitkomsten als overleving en complicaties, en uit het optreden van andere ziekten die wijzen op een verdere progressie van de aandoening, zoals nier- en hartfalen. De PROM's in deze set bestaan uit zelfrapportages over angina, kortademigheid, functioneren, kwaliteit van leven en de aanwezigheid van depressieve symptomen (McNamara et al. 2015).

> In de ggz zijn de symptomen (zoals angst- of depressiesymptomen) het equivalent van de medisch inhoudelijke uitkomsten. Het verschil met de somatische zorg is dat die in de meeste gevallen door zelfrapportage worden verkregen. In de standaardset voor angst of depressie wordt ook niet expliciet gesproken over PROM's, maar alle of de meeste instrumenten die aangedragen zijn voor het vaststellen van de uitkomsten zijn zelfrapportage-instrumenten. De term PROM is binnen de ggz dus niet erg gangbaar, er wordt voornamelijk over ROM gesproken. Het gaat in de ggz meestal om wat de cliënt ervaart en rapporteert. Soms vormt de hulpverlener zich daar dan een oordeel over (bijvoorbeeld door het invullen van de Health of the Nation Outcome Scales (HoNOS)), maar dat wordt voor een groot gedeelte gevoed door wat de cliënt vertelt.

Waarom zijn deze aspecten zo belangrijk om te monitoren? Ten eerste is het binnen de zorg, en dus ook de ggz, vaak het geval dat cliënten niet direct behandeling zoeken vanwege hun klachten of symptomen, maar meer vanwege de gevolgen die die hebben voor hun dagelijks functioneren, activiteiten of sociale leven. Zo is bijvoorbeeld een angststoornis *an sich* heel vervelend, maar het gaat de cliënt vaak eerder om het sociale isolement of de dagelijkse bezigheden of het werk die in de knel komen. Dát doet mensen meestal besluiten dat het zo niet langer kan. Verbeteringen op die gebieden kunnen dan ook enorm stimulerend zijn om de therapie voort te zetten of om opdrachten in het kader van de therapie te blijven doen. Ten tweede is zicht op omliggende levensdomeinen van belang omdat daarmee het eventueel achterblijven van uitkomsten in een context geplaatst kan worden. Een cliënt met veel maatschappelijke problemen kan daardoor dusdanig gehinderd worden dat profiteren van de therapie heel moeilijk is. Cliënten met een gebrek aan sociale relaties of met veel problemen daarin zullen weinig steun ondervinden bij hun veranderingsproces, waardoor het moeizamer kan gaan.

Voor teams, organisaties of praktijken zélf geeft geaggregeerde informatie over meerdere levensdomeinen zicht op de problemen waar hun cliëntenpopulatie mee te maken heeft. Als blijkt dat er een groep cliënten binnenkomt die naast de symptomen van de stoornis stelselmatig moeilijkheden kent met bijvoorbeeld deelname aan maatschappelijke activiteiten dan kan het voor die organisatie zinnig zijn om daarvoor een aanbod in huis te hebben of de mogelijkheid te hebben om cliënten door te sturen naar een passende aanbieder. Een voorbeeld is de verslavingszorg; daar komen mensen niet alleen binnen met verslavingsproblemen, een flink deel heeft ook last van psychische problemen: bij intake rapporteert bijna tachtig procent van de cliënten problemen op dit terrein (Spits et al. 2017). Dat zegt niet alleen veel over de lijdensdruk bij cliënten, maar ook over de druk van verslaving op de (geestelijke) gezondheidszorg. Instellingen voor verslavingszorg moeten namelijk expertise en capaciteit in huis hebben om de juiste hulp te kunnen bieden en cliënten waar nodig door te verwijzen. Het blijkt bijvoorbeeld dat het percentage cliënten met psychische problemen na een succesvolle verslavingsbehandeling is afgenomen tot zo'n dertig procent en dat nog maar vijftien procent ernstige klachten rapporteert. Dit leert de verslavingszorg dat ze voor dat deel van de cliënten vervolgaanbod of verwijzingsmogelijkheden moet bieden. Het leert de verslavingszorg ook dat zij niet meteen hoeft in te grijpen bij mensen die psychische klachten rapporteren: een groot deel verdwijnt als het middelengebruik onder controle is.

Dit soort gegevens geeft de maatschappelijke relevantie van de verslavingszorg en de ggz weer. Als de sector kan laten zien dat een behandeling niet alleen leidt tot een afname van depressieve klachten of middelengebruik, maar ook tot grotere deelname aan het sociaal-maatschappelijk leven en een toename van levenskwaliteit, dan wordt duidelijk dat het zinnig is om te investeren in behandelingen door de ggz.

Herstel en ROM

Een onderwerp dat in dezen thuishoort is *herstel*. Dat concept verwijst naar iets anders dan genezing van ziekte alleen. Hoe verhoudt dat zich tot ROM? Het korte antwoord luidt: herstel laat zich prima vaststellen met het juiste ROM-instrumentarium.

Van oudsher is herstel een term die vooral vanuit een medisch perspectief werd gebruikt voor genezing. De vraag was of er wel of geen sprake meer was van ziekteverschijnselen (Stel 2015). Als momenteel binnen de ggz gesproken wordt over herstel, gaat het in veel gevallen over persoonlijk herstel, vooral als dit wordt geduid als een uniek en persoonlijk proces. Herstel kent echter meerdere aspecten, te weten klinisch, functioneel én maatschappelijk herstel.

Klinisch herstel betreft het door behandeling verminderen van symptomen, en zo mogelijk genezen (Stel 2015). Men spreekt in dit kader ook wel eens van 'symptomatisch herstel' (Couwenbergh en Weeghel 2014b).

Functioneel herstel betreft het herstellen of verbeteren van de door de aandoening benadeelde of niet goed ontwikkelde functies. Voorbeelden zijn executieve functies, zoals zelfbeheersing of plannen kunnen maken (Stel 2015).

Maatschappelijk herstel is het verbeteren van de positie van een individu wat betreft werk, wonen, inkomen, opleiding en het sociale leven. Het gaat om het benutten of vergroten van mogelijkheden en kansen die de samenleving biedt (Stel 2015). Arbeidsrehabilitatie of schuldsanering zijn voorbeelden van ondersteuning die is gericht op maatschappelijk herstel.

Persoonlijk herstel betreft het betekenis geven aan wat er in het verleden is gebeurd, meer greep krijgen op het eigen leven, zelf doelen stellen, het vormen van een (nieuwe) identiteit, en een oriëntatie op persoonlijke en in de gemeenschap gekoesterde waarden. Er wordt in dit kader soms ook gesproken van 'herstel van identiteit' (Couwenbergh en Wheegel 2014b). Het wordt gezien als een intens, persoonlijk en uniek proces, en iets wat niet altijd een ultieme uitkomst kan zijn (Bos et al. 2015; Hendriksen-Favier et al. 2012).

De vier herstelprocessen hangen met elkaar samen. Ze beïnvloeden en versterken, of als het tegenzit: verzwakken, elkaar. De zorg – en dus ook de ggz – dient zich op alle vier te richten (Stel 2015). Ze staan niet in een dwingende volgorde en iedereen kan er – vanuit welk specialisme of in welke rol dan ook – een bijdrage aan leveren.

Hoewel ook relevant voor de curatieve ggz, is herstel met name binnen de zorg voor cliënten met een ernstige of langdurige psychiatrische aandoening een belangrijk thema. Daarvoor is in een landelijk actieprogramma de ambitie 'een derde meer herstel in 2025' uitgesproken (Couwenbergh en Weeghel 2014a). Het Actieplatform Herstel Voor Iedereen[1] (een platform voor bestuurders in

---

1 ▶ http://www.herstelvooriedereen.nl.

de ggz) wil die ambitie al over drie jaar waarmaken. Een van de instrumenten waarmee vastgesteld kan worden of dat ook daadwerkelijk bereikt wordt, is de Integrale Herstelschaal (IHS), die elke zes maanden afgenomen dient te worden bij cliënten die zorg ontvangen voor een ernstige psychiatrische aandoening. Het instrument is nog in ontwikkeling, maar zou op termijn het ROM-instrumentarium moeten gaan vormen waarmee symptomatisch, functioneel, maatschappelijk en persoonlijk herstel vastgesteld kan worden.

2.2 Generiek of specifiek vaststellen

Klachten en symptomen kunnen diagnosespecifiek of generiek worden vastgesteld. Een diagnosespecifieke vaststelling betreft bijvoorbeeld de ernst van een specifieke stoornis of de vaststelling van een set aspecten die alleen aan de orde is bij een bepaalde diagnosegroep. Een depressievragenlijst zoals de Beck Depression Inventory (BDI) is daar een voorbeeld van (Beck et al. 1988). Met 21 vragen worden drie symptoomgebieden (affectief, cognitief en somatisch) van een depressie in kaart gebracht. Een generieke vaststelling van symptomen of gedrag is – de naam zegt het al – veel algemener van aard. Het kan gaan om symptomen die voor cliënten met verschillende stoornissen gelden, zoals voor alle cliënten met de zogenaamde *common mental disorders*. Een voorbeeld daarvan is de Outcome Questionnaire (OQ-45) of de Symptom Questionnaire (SQ-48). Het onderscheid tussen specifiek en generiek geldt ook voor het functioneren en de kwaliteit van leven. Zo zijn er vanuit de eerder genoemde ICF voor wat betreft functioneren 'core sets' ontwikkeld voor borstkanker, maar ook voor een aantal psychiatrische stoornissen, zoals de bipolaire stoornis en depressie. Volgens deze benadering kan het functioneren van een cliënt diagnosespecifiek vastgesteld worden. Spreekt men over een generieke vaststelling van functioneren, dan gaat het om aspecten die voor alle cliënten zouden kunnen gelden, ongeacht welke stoornis zij hebben (Terwee et al. 2015).

Met kwaliteit van leven wordt doorgaans ziektegerelateerde kwaliteit van leven bedoeld: die betreft levensdomeinen (op lichamelijk, psychisch en sociaal gebied) die door ziekte en gezondheidszorg worden beïnvloed (RIVM 2015). Ook hier kan men spreken van generieke kwaliteit van leven, waarbij levensdomeinen worden geëvalueerd die gelden voor alle mensen, ongeacht of er sprake is van een aandoening, en zo ja, van welke. Ziektespecifieke kwaliteit van leven wordt vastgesteld aan de hand van aspecten die alleen gelden voor een bepaalde aandoening (zoals pijn en stijfheid bij artrose).

2.3 Vaststelling van behandelvoortgang door wie?

Al een paar keer is benadrukt dat het perspectief van de cliënt belangrijk is. Dat geldt ook voor de vaststelling van de behandelvoortgang. Het ligt voor de hand om daarvoor de cliënt aan te wijzen, dat wil zeggen middels zelfrapportage. Het is belangrijk dat de zorg vanuit het perspectief van de cliënt de gewenste opbrengst heeft, en in veel gevallen kan die ook betrouwbare en bruikbare antwoorden geven op vragen over hoe het met hem of haar gaat. In een aantal situaties is dat echter moeilijker, bijvoorbeeld als de cliënt wanen heeft, of als het om kinderen of juist ouderen gaat. In de chronische psychiatrie hebben hulpverleners vaak te maken met cliënten die weinig ziekte-inzicht hebben of last hebben van cognitieve stoornissen waardoor het oordeelsvermogen beperkt is. Datzelfde kan gelden in de ouderenpsychiatrie, waar soms sprake is van neurodegeneratieve aandoeningen en concentratieproblemen puur en alleen door ouderdom. In die gevallen is het onwenselijk om (alleen) de cliënt aan het woord te laten als het gaat om de uitkomst van de behandeling. Bij kinderen en jeugd speelt een beperkt beoordelingsvermogen door hun ontwikkelingsstadium een rol, maar ook het feit dat het systeem een flinke invloed kan hebben op het behandelresultaat: het opknappen van de ouders kan een positief effect hebben op de problemen van hun kind. Er wordt soms gesteld dat de hulpverlener van de ouder mede de effectiviteit van de behandeling van het kind bepaalt (Boer et al. 2011).

Ook in een forensische setting is zelfrapportage niet altijd valide. Daar zorgt het gedwongen kader ervoor dat er veelal sprake is van een gebrekkige behandelmotivatie, en dat er angst is voor of achterdocht ten aanzien van negatieve consequenties die uitkomsten van psychologische onderzoeken kunnen hebben. Daarnaast kampt een groot deel van de cliënten in een forensische setting met persoonlijkheidsstoornissen, en die gaan in die setting veelal gepaard externalisatie van problemen en een zwakke zelfreflectie. Cliënten zullen mogelijk eerder geneigd zijn tot een defensieve en/of sociaal wenselijke opstelling, of zelfs misleiding en manipulatie (Ruiter 2009). Dit alles samen draagt bij aan de overtuiging dat zelfrapportage bij deze cliënten voor een vertekening van de werkelijkheid zorgt (Ruiter 2009; Hornsveld 2006).

2.4 Cliënttevredenheid

2.4.1 Is cliënttevredenheid geen uitkomst dan?

De cliënt vragen een tevredenheidsvragenlijst in te vullen – het zal je niet onbekend voorkomen. Dat betreft dan meestal vragen over wachttijden, bejegening en de keuzevrijheid die cliënten hebben ervaren. Vaak wordt de cliënt ook gevraagd of die tevreden is over het resultaat. Overheid en zorgverzekeraars proberen met wisselende inspanningen en succes organisaties en hulpverleners ertoe te bewegen cijfers te leveren over wat de cliënten vinden van de zorg die ze gehad hebben. Dat is niet zo gek: tevreden klanten zijn belangrijk. Vraag dat maar aan het bedrijfsleven.

Cliënttevredenheid wordt echter over het algemeen gezien als een procesmaat, niet als een uitkomst. Volgens Donabedian kan de kwaliteit van zorg afgemeten worden aan structuurkenmerken (kenmerken van de organisatie of praktijk), proceskenmerken (hoe het gebeurt) en uitkomsten (wat het oplevert, d.w.z. de status van de cliënt na de interventie) (Donabedian 1988). Cliënttevredenheid is een oordeel over hoe iets is uitgevoerd, en daarmee een procesindicator. Misschien heb je de term PREM inmiddels weleens langs zien komen. Cliënttevredenheid is een PREM, een *patient reported* experience *measure*. Het staat naast een PROM: dat is een *patient reported* outcome *measure*.

Algemene cliënttevredenheid over de behandeling zegt niet erg veel over de verbetering die cliënten boeken tijdens de behandeling (Aarsse 2003; Sperry et al. 1996). Uit Nederlands onderzoek onder 258 cliënten uit de ggz en de verslavingszorg bleek dat je er wél iets aan hebt als je cliënttevredenheid meet over verschillende aspecten – zoals over de hulpverlener, de communicatie en het behandelresultaat. Die eerste twee aspecten zeggen iets over de cliëntgerichtheid van de behandeling, zoals de kwaliteit van de werkrelatie en de mate waarin aan voorkeuren van de cliënt tegemoet gekomen is. Als je die wilt evalueren, dan is het zinnig om de cliënt daarover te bevragen, en heeft het toegevoegde waarde omdat het je vertelt hoe de cliënt de behandeling ervaart. Je moet je er alleen wel bewust van zijn dat cliënttevredenheid over die aspecten niets zegt over het uiteindelijke behandelresultaat. Daarvoor moet je gerichter vragen en dat kan al gedurende de behandeling: als cliënten dan aangeven dat ze tevreden zijn over het resultaat, dan is dat voorspellend voor het uiteindelijke behandelresultaat (Aarsse 2003).

2.4.2 De cliënttevredenheid over de werkrelatie

Cliënttevredenheid zoals hierboven beschreven moet niet verward worden met de werkalliantie. Dat is de kwaliteit van de samenwerking, die gevoed wordt door overeenstemming over de doelen en de taken die in de therapie uitgevoerd moeten worden en de 'band' tussen de hulpverlener en de cliënt. Cliënttevredenheid of een positief oordeel dáárover, kent wél een – zij het bescheiden – samenhang met de behandeluitkomst, blijkens een review van 190 studies over dit onderwerp (Horvath et al. 2011). De kwaliteit van de werkalliantie wordt ook in twee bekende ROM-systemen ingezet als mogelijk aangrijpingspunt voor achterblijvende behandelresultaten. Miller heeft het systeem Feedback Informed Treatment (FIT) ontworpen waarmee bij elke sessie de Outcome Rating Scale (ORS) wordt afgenomen om de uitkomsten te meten en de Session Rating Scale (SRS) waarmee wordt nagegaan of het nog wel goed zit met de werkrelatie tussen cliënt en hulpverlener (Duncan et al. 2003; Miller et al. 2015). Het systeem van Lambert raadt aan om bij achterblijvende uitkomsten zoals gemeten met de OQ-45 een aantal extra aspecten te meten, waaronder de werkalliantie (Lambert 2010b). Dat zijn voorbeelden van de meerwaarde van het vaststellen van cliënttevredenheid *tijdens* de behandeling. Meer over dit systeem is te lezen in ▶ H. 6.

2.5 Wanneer is verandering verbetering?

Niet elke verandering is een verbetering. Het kan een toevallige fluctuatie zijn. Wanneer spreken we nu van verbetering? Daar komt statistiek bij kijken. In veel wetenschappelijke studies worden gemiddelden met elkaar vergeleken: 'doet de groep die behandeling A krijgt het beter dan de groep met behandeling B als je naar de gemiddelde scores op vragenlijst X kijkt?' Voor de behandelpraktijk zegt een gemiddelde over het algemeen niet zoveel: net als bij de dokter wil je weten of je beter bent, of het goed zit. Bovendien heb je bij het meten en terugkoppelen in de behandelkamer te maken met één cliënt. Een gemiddelde berekenen is dan niet eens mogelijk.

Halverwege de jaren tachtig van de vorige eeuw ontstond het idee dat het nodig was om op een andere manier naar uitkomsten te kijken dan onderzoekers altijd hadden gedaan. Het was met name de aansluiting op de praktijk die gemist werd, wat voor Jacobson aanleiding was om een voorstel te doen voor maten die relevant waren voor clinici (Jacobson et al. 1984). Hij stelde voor om te spreken van 'verbetering' als er sprake is van:

a. klinisch significante verbetering; dat wil zeggen: als een cliënt opschuift van een score die in het 'disfunctionele' gebied ligt, naar een score die in het functionele gebied ligt;
b. statistisch betrouwbare verbetering; dat wil zeggen: als een (positieve) scoreverandering flink groter is dan de standaardmeetfout.

Met de combinatie van deze twee criteria kan een uitspraak gedaan worden over of iemand is verbeterd of niet (criterium b) en of die verbetering ertoe geleid heeft dat deze cliënt nu een score heeft die te vergelijken is met de functionele, gezonde populatie (criterium a).

In de handleiding van vragenlijsten worden dan ook, om zo dicht mogelijk aan te sluiten bij de klinische praktijk, instructies opgenomen voor het vaststellen van klinisch significante verbetering, betrouwbare verandering, cut-offscores en/of normgroepen om scores op vragenlijsten te interpreteren.

Voor een aantal groepen zijn de criteria voor klinische en betrouwbare verbetering misschien te streng: soms is het überhaupt voorkómen van een (gedwongen) opname al een uitdagend doel, en als dat behaald wordt, is dat een succes. Dat moet dan ook zeker gerapporteerd worden. Toch is het heel informatief om te weten of er ook sprake is van terugkeer naar een normaal niveau van functioneren of niet. Daarmee kunnen uitkomsten van verschillende stoornissen met elkaar vergeleken worden.

Overigens is dit perspectief – niet kijken naar gemiddelden, maar naar het aantal cliënten dat 'beter' wordt – ook informatief als het gaat om het bekijken en vergelijken van groepen: dan is het in veel gevallen ook interessanter om te weten wat het percentage verbeterde (of herstelde) cliënten is, in plaats van het gemiddelde verschil tussen de vergeleken groepen.

2.6 Treatment failure

2.6.1 Het voorspellen van treatment failure

Hoe goed de hulpverleners ook zijn, hoe graag de cliënten ook willen en hoe groot hun inzet ook is, er zijn cliënten die de behandeling afsluiten in een slechtere staat dan toen ze begonnen. Dat kan niet de bedoeling zijn, en je zou dat willen voorkomen. ROM kan daarbij helpen: het kan in veel gevallen treatment failure voorkomen. Dat is het meest gehoorde en terechte argument om cliënten vragenlijsten voor te leggen, de uitkomsten terug te koppelen en actie te ondernemen als de voortgang van de behandeling tegenvalt.

Eerder zagen we dat er van treatment failure wordt gesproken als een cliënt niet vooruitgaat, evenveel klachten blijft houden of zelfs verslechtert. De schatting is dat ongeveer vijf tot tien procent van de cliënten achteruitgaat in een behandeling en dat nog eens veertig tot zestig procent niet profiteert, dat wil zeggen verbeterd noch verslechterd (Slade et al. 2008). Hoe kan een hulpverlener dat nou tijdig zien aankomen? Zoals gezegd, de klinische blik is daar niet het beste gereedschap voor. Daarom zijn er in de loop van de tijd andere manieren ontwikkeld om hulpverleners te ondersteunen bij het tijdig identificeren van cliënten die niet voldoende profiteren.

Over het algemeen is het zo dat cliënten die vroeg in de behandeling opknappen, een grotere kans hebben de behandeling ook hersteld te verlaten of meer verbetering te boeken dan cliënten voor wie dit later gebeurt (Lambert et al. 2002). Bij een groep cliënten met een eetstoornis waren al na vier weken behandeling patronen herkenbaar, waarvan er een aantal behandelsucces kon voorspellen en de andere op treatment failure wezen. In andere onderzoeken bleek dat cliënten die een behandeling succesvol (= verbeterd) afsloten, vaak al na drie sessies verbetering lieten zien. Wat daarbij het informatiefst was, was de initiële ernst van de klachten, samen met de verbetering die bereikt was tot en met de derde sessie. Met die informatie kon veertig procent van de variantie in de uiteindelijke behandeluitkomst verklaard worden (Lambert et al. 2002). Deze kennis geeft informatie over hoe een ideaal behandelbeloop er uit zou kunnen zien, en als daarvan afgeweken wordt, kan het zinnig zijn hulpverlener en cliënt daarop te wijzen met een signaal. Lambert ontwierp hier, op basis van de OQ-45, een algoritme voor dat was gebaseerd op expertoordelen over wanneer je welke vooruitgang in de behandeling zou verwachten. Dit noemde hij de 'rationele' methode (Lambert et al. 2002). Echter, een dergelijk algoritme kan ook opgesteld worden op basis van voorspellingsmodellen gebaseerd op grote datasets, waarmee voor verschillende groepen cliënten – variërend in ernst en diagnose – op maat gemaakte voorspellingen en signalen afgegeven kunnen worden. Deze zogenoemde 'empirische' methode is verfijnder, maar ook ingewikkelder, kostbaarder en tijdrovender om op te stellen (Lambert et al. 2002).

Met beide methoden kunnen we – met de empirische wat beter dan met de rationele (maar beide in afdoende mate) – aan de hand van scores op de OQ-45 zogenaamde *signal alarm cases* identificeren, variërend van cases voorzien van een 'rode vlag' ('Cliënt maakt geen vooruitgang zoals verwacht. Er is kans op vervroegde behandeldrop-out of een negatieve behandeluitkomst.') tot een witte vlag ('Cliënt functioneert in de normale range. Overweeg de behandeling af te sluiten.'). Recent verscheen een voorbeeld van een voorspellingsmodel buiten het OQ-45-systeem, met de depressie-subschaal van de BSI, waaruit bleek dat ook op basis van relatief kleinere datasets redelijk goed werkende voorspellingen voor verwachte verbeteringscurves te maken zijn (Wise et al. 2016). Opvallend was dat in dit onderzoek, in tegenstelling tot dat van Lambert, verschillende voorspellingsmodellen golden voor cliënten met een depressie en cliënten met een comorbide verslaving en depressie; veelbelovend dus.

2.6.2 Naderende treatment failure: wat nu?

Wat moet je nu doen als je op basis van de scores op de vragenlijsten, algoritmes en signalen aan ziet komen dat de behandeling niet het gewenste resultaat gaat opleveren? Allereerst: geen paniek! Een vragenlijst is een van de perspectieven op de impact die therapie kan hebben op de klachten van je cliënt. Beschouw het als een laboratoriumtest: als de waarden aangeven dat er iets aan de hand is, is dat een signaal om verder op onderzoek uit te gaan. Doe dat in elk geval samen met de cliënt, met de vragenlijsten en de scores bij de hand. Heeft de cliënt de vragen goed begrepen? Is er iets voorgevallen? In deze fase is de eerste vraag die de hulpverlener aan de cliënt moet stellen of de cijfers te plaatsen zijn: komen ze overeen met de werkelijkheid zoals die ook zonder de vragenlijst wordt waargenomen? Zo nee, zijn er dan onderwerpen in de vragenlijst aan de orde gekomen die wellicht niet in de therapiekamer aan de orde zijn geweest? Er kan sprake zijn van blinde vlekken, bij de hulpverlener of bij de cliënt. Voorbeelden zijn de onderwerpen seksualiteit en middelengebruik – als geen van beide partijen erover begint, kan het makkelijker zijn deze te mijden, terwijl ze een grote impact kunnen hebben op iemands kwaliteit van leven. Als een vragenlijst deze aan de orde stelt en er zijn problemen op dit gebied, dan zullen ze op een gegeven moment aan de oppervlakte verschijnen. In deze fase staat dus de vraag centraal welke verklaringen er aan te dragen zijn voor de score. Mogelijk gaat het daarbij om zaken die nog niet eerder ter tafel zijn gekomen. Als de conclusie inderdaad is dat de score de werkelijkheid representeert en beide partijen het eens zijn over de verklaringen, dan is de volgende vraag: is het beeld dat nu op tafel ligt (de score en de verklaring) goed genoeg? Willen cliënt en hulpverlener verder met deze uitkomsten, zijn ze op de juiste weg? In het geval van een werkelijk naderende treatment failure zal het antwoord waarschijnlijk 'nee' zijn. Dat betekent dan natuurlijk nog niet dat de behandeling afgesloten of de cliënt naar elders doorverwezen moet worden. Een logischer aanpak is samen te besluiten welke aanpassing van het behandelplan of -doel nodig is.

Gepast gebruik van de ggz

3.1 Kosten van de geestelijke gezondheidszorg – 24

3.2 Stoppen is moeilijk – 24

3.3 Waardegedreven zorg – 24

3.4 Kwaliteit vaststellen – 26

3.5 PROM's en PREM's – 27

3.6 Wanneer is zorg gepast? – 27

3.7 Kosten en baten – 28

© Bohn Stafleu van Loghum, onderdeel van Springer Media B.V. 2018
S. Oudejans en M. Spits, *Snel succes met ROM*, DOI 10.1007/978-90-368-1726-4_3

3.1 Kosten van de geestelijke gezondheidszorg

Het zal je bekend in de oren klinken: de ggz is te duur. De zorgkosten in Nederland stijgen sowieso, maar de kostenontwikkeling van de ggz heeft de grootste groei doorgemaakt (Bijenhof et al. 2012). Hoewel het vóórkomen van psychische klachten de afgelopen jaren niet is toegenomen, zijn er wel meer mensen die hulp zoeken voor hun psychische klachten. De Nederlander is zich meer bewust geworden van psychische klachten als gezondheidsprobleem, het taboe gaat er steeds meer af en de zorg zelf is toegankelijker geworden. Er zijn dus minder 'onvervulde zorgbehoeften'. Dat is mooi. Daar waar men zich vroeger zorgen maakte over onderbehandeling (personen met psychische stoornissen komen niet of te traag in behandeling, of ze haken te vroeg af), wordt de sector nu door de stijgende kosten verdacht van overbehandeling. De vraag rijst daarbij of mensen die zorg ontvangen in de ggz, wel een psychische stoornis hebben, en als ze die hebben, of ze niet te lang doorbehandeld worden zonder opbrengst in termen van behandeluitkomsten.

3.2 Stoppen is moeilijk

Hulpverleners verlenen graag hulp. Dat is lovenswaardig, maar het leidt wel vaak tot te veel behandelen of tot lang doorgaan terwijl er geen resultaat meer wordt geboekt. Dat is in elk geval het idee dat momenteel heerst binnen de ggz, en waar de sector in de transparantieagenda op heeft ingezet: overbehandeling tegengaan.[1]

Het komt voor dat hulpverleners het moeilijk vinden een behandeling af te sluiten als er geen vooruitgang meer wordt geboekt. Of hulpverleners denken dat het even stagneert en dat er straks wel weer vooruitgang geboekt gaat worden. Ook kan het zijn dat hulpverleners, zoals eerder aangegeven, niet opmerken dat de cliënt niet verder opknapt of zelfs achteruitgaat.

Gemiddeld genomen ziet het behandelverloop er zo uit: in het begin is elke sessie effectief en de cliënt knapt op. Op een gegeven moment, verderop in het proces, wordt de opbrengst minder en komt er een punt dat er geen vooruitgang meer wordt geboekt (fig. 3.1). Daar begint overbehandeling: er blijven maar sessies aangeboden worden, terwijl er geen rendement op behandeluitkomst meer is. Die sessies zou je beter kunnen aanbieden aan andere mensen, bij wie wél rendement wordt verwacht (nieuwe behandelingen dus). Of je zou de sessies in een andere vorm moeten aanbieden, waardoor ze wel weer rendement – maar op een ander gebied – opleveren. Je moet in elk geval niet doorgaan met meer van hetzelfde, want dat levert niks meer op. Hier alert op zijn voorkomt onnodige kosten, voorkomt dat cliënten voor niets komen én voorkomt schade doordat mensen langer op wachtlijsten staan dan nodig is.

3.3 Waardegedreven zorg

Bovenstaande geeft de gedachte weer van waardegedreven zorg (Value-Based Health Care, afgekort VBHC). Deze richt zich op het maximaliseren van de waarde

---

1 https://www.zorgvisie.nl/Kwaliteit/Nieuws/2016/6/Ggz-kan-honderden-miljoenen-euros-besparen/.

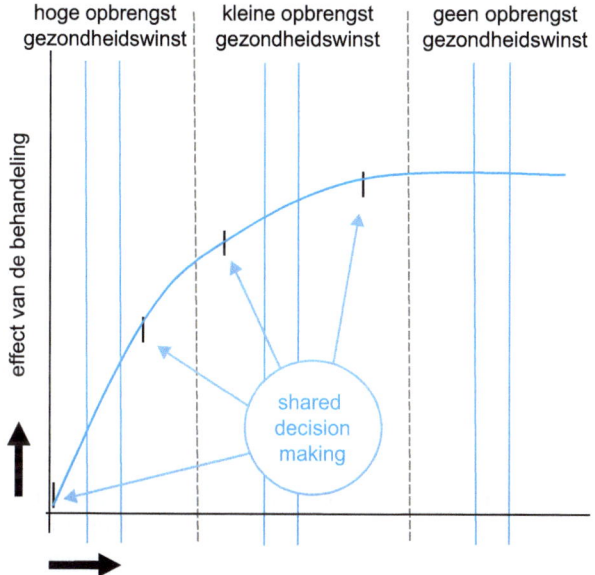

Figuur 3.1 Verloop behandeling en snelheid klachtenvermindering. Bron: J. Muller, Netwerk Kwaliteitsontwikkeling GGz

van zorg, dat wil zeggen: op de verhouding tussen de kwaliteit en de kosten van de zorg (Hagenaars en Bruns 2016). Idealiter moet elke gespendeerde euro gezondheidswinst opleveren. Lang leek het zo dat zorg en kosten gescheiden werelden waren. Dat verandert nu we steeds vaker te horen krijgen dat de zorgkosten (te) hoog worden, we ieder jaar kunnen switchen van verzekering en er sprake is van eigen risico's. Maar de kosten zijn nog steeds erg ondoorzichtig. Veel hulpverleners weten niet wat de kosten zijn van de zorg die ze zelf aanbieden, laat staan dat cliënten enig idee hebben.

Het idee van VBHC is dat er bij het maken van keuzes in of over verbeteringen van de zorg alleen maar wordt gekeken naar zaken die waarde toevoegen: de kwaliteit wordt beter of de kosten gaan omlaag, of allebei. Die leidraad geldt bij het maken van keuzes voor beleid, maar ook voor de kleinere, individuele besluiten in de behandelkamer. Daarbij kan de vraag worden gesteld of het aanbieden van die extra sessie, het inschakelen van een psychiater of het voeren van een (extra) gesprek met het systeem waarde toevoegt. Dit zijn vragen die gaan over het verhogen van de kwaliteit: leidt de actie tot een betere uitkomst of tot de gewenste uitkomst op kortere termijn? Andersom kan een kostenbesparing ook leiden tot waardeverhoging: als het afnemen van een extra diagnostische test niet leidt tot een betere uitkomst (en het achterwege laten geen of weinig risico's inhoudt) is het waardeverhogend dit niet meer te doen. Geneesmiddelen die goedkoper worden door het verlopen van patenten of beter inkoopbeleid kunnen ook waardeverhogend werken: de kosten dalen terwijl de uitkomsten gelijk blijven.

Binnen de VBHC ligt de nadruk op kwaliteitsverhoging in plaats van op kostenverlaging. De gedachte daarachter is dat datgene wat je aandacht geeft groeit. Richt je je op kosten, dan krijg je kosten, en richt je je op kwaliteit, dan krijg je kwaliteit. De gedachte is ook dat een betere kwaliteit in veel gevallen vanzelf leidt tot minder kosten. Misschien niet per se tot minder directe zorgkosten, maar wel tot minder maatschappelijke kosten of tot minder kosten in de toekomst. Kwalitatief goede zorg leidt tot snellere diagnoses (waardoor cliënten korter met klachten rondlopen en sneller weer goed functioneren), minder terugval (en dus tot minder cliënten die opnieuw in behandeling komen) en tot minder crises (wat een ontlasting van 'dure' afdelingen betekent). Als je het meteen goed doet, is de waarde van die zorg veel hoger.

Wat heeft VBHC nu met ROM te maken? Heel wat: door frequent te meten in de behandelkamer wordt zichtbaar wat het rendement is van elke behandelsessie. Op geaggregeerd niveau maken ROM-gegevens duidelijk wat al die behandelingen tezamen nu opgeleverd hebben en waar het misschien beter kan.

3.4 Kwaliteit vaststellen

Kwaliteit van zorg is een weinig concreet en complex begrip. Het lijkt wel of iedereen er iets anders onder verstaat: zorg moet veilig zijn, en liefst ook tijdig, respectvol en toegankelijk. En o ja, je moet ook beter worden. Kwaliteit kent dus vele aspecten, en allemaal zijn ze belangrijk. Welk aspect het belangrijkst is, hangt van je perspectief af. Grofweg wordt het perspectief op zorg ingedeeld in drieën, waarbij gesproken wordt van drie soorten *indicatoren*. Indicatoren zijn 'meetbare elementen van het handelen in de praktijk, waarvoor bewijs of waarover consensus bestaat dat ze gebruikt kunnen worden om de kwaliteit van zorg en veranderingen daarin te evalueren' (Lawrence 1997; In Braspenning et al. 2006). Grof genomen is men het erover eens dat *uitkomst*-indicatoren de kwaliteit meten en dat *structuur*- en *proces*-indicatoren inzicht geven in *hoe* de zorg wordt geleverd. Ze geven daarmee aanknopingspunten voor de verbetermogelijkheden van de zorg (Donabedian 1988; Hagenaars en Bruns 2016).

Uitkomstindicatoren gaan over de vraag of de doelen van de zorg behaald zijn: ze gaan over overleven, complicaties en gezondheidsstatus. Binnen de ggz is de afname van psychische klachten een belangrijke uitkomstindicator, maar ook daar kan overleven, kwaliteit van leven, het voorkómen van een crisis of een heropname een uitkomstindicator zijn. Cliënttevredenheid over de geleverde zorg wordt afwisselend als proces of uitkomst gezien (Braspenning et al. 2006; Hagenaars en Bruns 2016), waarbij cliënttevredenheid over zaken als communicatie, bejegening of dagbesteding aangemerkt wordt als procesindicator en cliënttevredenheid over de uitkomsten als uitkomstindicator (Aarsse 2003). De structuur van het zorgproces betreft de omstandigheden waaronder de zorg wordt geleverd, zoals gebouwen, maar ook organisatorische zaken. Het betreft dan de locatie of de inrichting van de gebouwen, de samenstelling van het team of het opleidingsniveau van het personeel. Een voorbeeld van een structuurindicator is of er een multidisciplinair overleg is, of hoe ver een cliënt moet reizen om bij de zorglocatie te komen. Procesindicatoren gaan over de daadwerkelijk geleverde zorg en communicatie met cliënten, en kunnen zaken betreffen als de lengte van de wachttijd, het type behandeling dat een cliënt heeft gehad en het aantal sessies dat aangeboden is. Ook het feit of er binnen de behandeling ROM-metingen en feedback hebben plaatsgevonden, betreft een procesindicator.

3.5 PROM's en PREM's

Er is dus ROM, maar binnen de VBHC komt ook regelmatig de term PROM voorbij en de nieuwste loot aan de stam is PREM. Wat betekent het allemaal en wat betekent dit voor de ggz? Daarvoor moeten we even over onze muren heen kijken. Binnen de somatische zorg worden uitkomstindicatoren opgedeeld in verschillende niveaus. Het relevantst zijn overleving en gezondheidsgerelateerde kwaliteit van leven (Hagenaars en Bruns 2016). De niveaus daaronder worden steeds specifieker, maar ook minder integraal en volledig. Voorbeelden uit de somatische zorg zijn naaldlekkage, schone snijvlakken of mobiliteit van het gewricht na de operatie. Dergelijke indicatoren geven inzicht in deelgebieden van de totale behandeling. Wat hier opvalt, is dat er binnen de ggz (nog) niet zo gedetailleerd wordt gekeken en dat er voor de somatische zorg meer indicatoren zijn die door de arts of verpleegkundigen vastgesteld dienen te worden. Binnen de ggz worden de uitkomsten in veel gevallen vastgesteld door af te gaan op de beleving van de cliënt, via gesprekken, een interview of een vragenlijst over diens klachten en de beleving daarvan. Dat laatste is in de somatische zorg wat minder gangbaar, maar het belang daarvan wordt de laatste jaren steeds meer onderkend. Daarom wordt er in de somatische zorg nadrukkelijk gesproken over *patient reported outcome measures* (PROM's) als het gaat om uitkomsten die gaan over de persoonlijke beleving van de beperkingen of gevolgen van bepaalde aandoeningen, zoals kwaliteit van leven, stemming of arbeidsparticipatie. Omdat dit onderscheid (medisch-inhoudelijk versus cliëntbeleving) voor uitkomsten binnen de ggz van oudsher wat minder scherp is gesteld, is de term PROM binnen ons vakgebied wat minder bekend en relevant.

PREM's zijn *patient reported experience measures*, en deze zijn gericht op het in kaart brengen van de ervaringen van cliënten met de zorg en dan met name op het gebied van proces- en structuurkenmerken. Maar er zijn ook PREM's die vragen naar de gezondheidstoestand. Centraal staat de *ervaring* – wat gebeurde er, en hoe of hoe vaak gebeurde dat? – en niet zozeer de tevredenheid daarover. Reden daarvoor is dat vragen naar tevredenheid niet altijd differentiëren, omdat cliënten in afhankelijkheidsposities niet vaak ontevredenheid (durven te) uiten. Het vragen naar concrete ervaringen zou dit moeten ondervangen en daarmee geschikter zijn voor de borging en verbetering van kwaliteit (Bos et al. 2015).

3.6 Wanneer is zorg gepast?

Goed, stoppen met behandelen is moeilijk, het is moeilijk voor hulpverleners om een inschatting van de klachten van hun individuele cliënten te maken, er wordt (te) veel uitgegeven in de ggz, maar hoe kun je er nou voor zorgen dat je wél gepaste zorg levert tegen aanvaardbare kosten? Wat moet je met al deze informatie en hoe kan ROM je hierbij helpen?

Er is maar één manier om erachter te komen of je de juiste cliënt behandelt en wanneer je kunt stoppen met behandelen of moet doorgaan: meet wat er met je cliënt aan de hand is, meet wat het klachtenniveau is, bespreek wat de cliënt belangrijk vindt, en beslis of de behandeling die je aanbiedt nog wat toevoegt in termen van uitkomsten. Wat die uitkomsten dan behelzen, dat hangt af wie je als bron neemt: ben je dat zelf, als hulpverlener of zorgorganisatie, of is dat de cliënt? Beide perspectieven zijn belangrijk. Voor jou als hulpverlener is het niet langer kunnen stellen van de DSM-diagnose, afname van het suïciderisico, verlaging van het aantal manische episodes of het verkleinen van het risico op gedwongen opname mogelijk belangrijk. Voor cliënten kunnen daarentegen hele andere uitkomsten zwaarwegend zijn: weer naar hun werk kunnen, fit blijven (en niet te dik worden van de medicijnen), afname van depressieve klachten of een bevredigend sociaal leven kunnen leiden. Als jouw behandeling op een gegeven moment geen toegevoegde waarde meer heeft in termen van een van die uitkomsten, dan heeft doorgaan geen zin, althans niet op die manier, of bij jou. Dan leveren alle tijd, energie en middelen die in de behandeling worden gestoken geen extra waarde meer op en zou je die tijd, energie en middelen beter aan een behandeling kunnen besteden waar wel iets te verwachten valt in termen van uitkomsten zoals hierboven beschreven.

Een voorbeeld van besparingen door het meten van uitkomsten werd in Engeland geleverd: een groep van honderd cliënten werd gevraagd om elke maand een set vragenlijsten in te vullen. Elke drie maanden werd er feedback verstuurd naar de cliënten zelf én naar hun respectievelijke hulpverleners. Voor de uitkomsten maakte het niet veel uit, maar de behandelingen van de cliënten en hulpverleners die de feedback ontvingen duurden wel korter dan behandelingen waarbij geen vragenlijsten en feedback werden gebruikt (Slade 2010). Nog een voorbeeld van de juiste hoeveelheid middelen naar de juiste cliënten komt uit de onderzoeken gedaan met de OQ-45. Daaruit bleek dat feedback over behandeluitkomsten en de behandelrelatie gedurende de behandeling voor cliënten met wie het tijdens de behandeling niet goed ging, leidde tot *langere* behandelingen, en bij cliënten met wie het wél goed ging leidde tot *kortere* behandelingen (Lambert 2010a). Dat wijst er dus op dat de kosteneffectiviteit van de ggz kan verbeteren: de ernstigste cliënten blijven langer in behandeling en cliënten die snel opknappen krijgen minder sessies. Om die aan te kunnen wijzen moet hun hulpverlener wel feedback krijgen over de behandelvoortgang. Zo klinkt dat 'stoppen met behandelen' ook weer minder vervelend; de cliënten die het nodig hebben worden gesignaleerd en krijgen langere gepaste zorg, en de cliënten die het niet (meer) nodig hebben, krijgen kortere gepaste zorg.

Als je in ogenschouw neemt hoeveel geld er wordt uitgegeven aan het verbeteren van uitkomsten in de zorg, dan kan ROM een goedkope interventie zijn. Het is een krachtige aanvulling op permanente nascholing om evidencebased therapie te blijven leveren én het levert data ten behoeve van kwaliteitsverbetering op (Lambert 2010a).

3.7 Kosten en baten

De druk op de sector en de behoefte aan transparantie over kosten en opbrengsten heeft ertoe geleid dat er een aantal studies is verricht naar wat bepaalde behandelingen kosten en wat ze opbrengen. De uitkomsten van die studies plaatsen de geluiden over de (te) dure ggz in een ander perspectief. Zo verscheen er in 2014 een kosteneffectiviteitsstudie over de verslavingszorg, die in 2016 werd opgevolgd door een maatschappelijke kosten-batenanalyse. Daaruit werd duidelijk dat het behandelen van cliënten met een alcoholverslaving 'loont' (Over et al. 2016).

In die studie werd gekeken naar de kosten van de behandeling zelf, maar ook naar de 'kosten' vanwege de misgelopen belastingen als gevolg van minder drinken. Voor de baten keek men naar zaken als minder verkeersongevallen, minder premature sterfte en minder productiviteitsverlies op het werk. Al die baten werden, net als de kosten, uitgedrukt in euro's. De conclusie was dat elke uitgegeven euro aan een verslavingsbehandeling (kosten: bijna 2000 euro gemiddeld) met cognitieve gedragstherapie resulteert in ruim vijf euro opbrengst. Dat is een mooi rendement, zeker als je bedenkt dat er rekening is gehouden met cliënten die de behandeling niet afmaken en met het uitgangspunt dat het effect van de behandeling naar verloop van tijd uitdooft.

Het is dus aantrekkelijk om transparant te zijn over kosten en opbrengsten van behandelingen in de zorg. Zo kunnen aanbieders niet alleen een goed gesprek voeren met hun financiers (zoals de zorgverzekeraars), maar ook tegemoetkomen aan de sterkere roep van – toekomstige – cliënten om transparantie. Bovendien kun je met een helder plaatje van kosten en opbrengsten in termen van gezondheidswinst een gelijkwaardig gesprek met de cliënt voeren: dat is in het kader van autonomie ondersteunen en shared decision making niet onbelangrijk.

Leren van ROM

4.1 ROM, benchmarken en transparantie – 32
4.1.1 Transparantie: wat moet ik er als hulpverlener mee? – 32
4.1.2 Omgaan met transparantie – 33
4.1.3 Alle stadia ervaren – 36

4.2 Benchmarken tussen instellingen – 37
4.2.1 Hoe word je dan beter door benchmarken? – 37

4.1 ROM, benchmarken en transparantie

Al eerder zagen we dat de afkorting ROM verwarrend kan zijn: de M kan staan voor measurement, monitoring en management. In dit hoofdstuk gaat het over de management-variant. Zoals Sperry in 1996 al aangaf, gaat het bij Routine Outcome Management om het gebruik van uitkomsten (eventueel verkregen door monitoring) voor het bijstellen beleid en processen (Sperry et al. 1996). Het gaat dan om geaggregeerde gegevens over groepen cliënten, die – achteraf – een beeld geven van de zorg die verleend is, aan welke groepen cliënten dat was en wat die zorg heeft opgeleverd. Gecombineerd met – eveneens geaggregeerde – gegevens over het proces en de structuur geeft het hulpverleners, organisaties en andere belanghebbenden inzicht in de kwaliteit en verbetermogelijkheden van de zorg. Een toepassing die daarvan afgeleid is, is benchmarken. Benchmarken is het leren van gelijksoortige anderen door gegevens te vergelijken. In de ggz betekent het dat uitkomsten inzichtelijk gemaakt worden en worden vergeleken met andere instellingen, locaties, afdelingen of hulpverleners (Beurs 2011a).

Benchmarken kun je zowel intern (door afdelingen of hulpverleners van de organisatie met elkaar te vergelijken of door gegevens van de eigen organisatie over verschillende tijdvakken te vergelijken) als extern (door de eigen organisatie te vergelijken met een gelijksoortige ander) doen. Daarbij is het wel belangrijk dat je weet wát je vergelijkt en dat de gegevens die je vergelijkt op min of meer dezelfde wijze verzameld zijn. Alleen dan kun je leren van de verschillen die vervolgens waargenomen worden: die verschillen moeten te verklaren zijn vanuit de zorg die verleend is, niet vanuit de meetinstrumenten die gebruikt zijn of het tijdstip waarop gemeten is.

Het beschikbaar stellen van deze gegevens aan belanghebbenden – zoals cliënten, zorgverzekeraars en gemeenten, maar ook aan de hulpverleners en andere werknemers binnen de organisatie – wordt transparantie genoemd. Het idee is dat transparantie over de uitkomst van de behandeling voor alle partijen, dus ook voor cliënten en financiers, leidt tot reflectie, discussie en bijstelling bij de aanbieders en daarmee tot kwaliteitsverbetering.

4.1.1 Transparantie: wat moet ik er als hulpverlener mee?

Transparantie, leren van uitkomsten en benchmarken, lijkt voornamelijk iets te zijn van kwaliteitsfunctionarissen, beleidsmakers en managers. Net zoals de individuele uitkomsten (Routine Outcome Monitoring) de hulpverleners ondersteunen bij het nemen van beslissingen in de behandelkamer, ondersteunen de geaggregeerde gegevens beleidsmakers en managers bij het nemen van beleidsbeslissingen. Ook zij hebben namelijk te maken met blinde vlekken en het *better than average*-effect: zij vinden hun eigen afdeling of organisatie vermoedelijk ook beter dan gemiddeld en onderschatten het aantal afdelingen waarop het minder goed gaat. Dat beeld kan gecorrigeerd worden door kwantitatieve gegevens.

Veel hulpverleners lijken wat minder interesse in dergelijke cijfers te hebben. Dat is niet nieuw. Sterker nog, de chirurg die in 1917 het volgende beweerde: 'Wij geloven dat het de plicht is van elk ziekenhuis om een follow-upsysteem op te zetten, zodat de uitkomsten van alle cliënten altijd beschikbaar zijn, voor analyse door professionals, besturen, het management, inspecties en onderzoekers', werd ontslagen en uit de Harvard-faculteit voor chirurgen gezet. Pas in 1996 werd Ernest Amory Codman postuum gerehabiliteerd, waarbij de Amerikaanse toezichthouder (de Joint Commision) de Ernst A. Codman Award voor uitkomstmonitoring en cliëntveiligheid instelde (Nabitz 2017).

Toch is het jammer en zelfs schadelijk als individuele hulpverleners deze geaggregeerde uitkomsten links laten liggen. Daar zijn twee belangrijke redenen voor. De eerste is dat de cliënt er last van heeft als je niet op de hoogte bent van de uitkomsten van de zorg die jij als hulpverlener, jouw organisatie of jouw beroepsgroep levert. Cliënten hebben er recht op om te weten wat ze van de zorg kunnen verwachten. Jij als hulpverlener bent een van de kanalen voor cliënten om te weten te komen wat ze kunnen verwachten en hoe goed de zorg is die je levert ten opzichte van andere zorgverleners. Je kunt de cijfers ook gebruiken om je cliënt voor te lichten over wat die nu kan verwachten over een bepaalde specifieke behandelmethode. Die transparantie hoort ook bij de informatie over de medische situatie waar de cliënt in het kader van de Wet op de geneeskundige behandelingsovereenkomst (WGBO) recht op heeft: de hulpverlener moet uitleggen wat die met de behandeling wil bereiken, hoe lang die zal duren én wat de vooruitzichten zijn.[1] Voor dat laatste zijn uitkomstgegevens nodig op geaggregeerd niveau.

Ten tweede loop je achter de feiten aan als je niet weet wat de uitkomsten van je behandelingen zijn of hoe ze vastgesteld dienen te worden. Misschien ervaar je een drempel. Je bent niet de enige: van oudsher kennen hulpverleners en artsen een flinke argwaan jegens suggesties van mensen van buiten de zorg. Medische professionals hebben het imago een diepgeworteld verlangen naar autonomie te hebben, ze willen zich vrij voelen over wat er zich afspeelt in de behandelkamer (Hagenaars en Bruns 2016), en ze voelen zich ook geroepen de privacy en de autonomie van de cliënt te beschermen. Als je cliënt en jij dan zelf opeens onderwerp worden van allerlei metingen en kwaliteitslijstjes kan dat moeilijk zijn. Toch is het belangrijk je ertoe te verhouden. Er meer over weten, ervaring opdoen met wat geaggregeerde gegevens zeggen over jou, je afdeling, je praktijk of organisatie geeft je inzicht, geeft je aanknopingspunten om het beter te doen en niet in de laatste plaats opstekers en duidelijkheid als het goed gaat.

Er is een nieuwe generatie cliënten, die mede onder invloed van overheidsbeleid om transparantie vraagt en die je vragen gaat stellen over de keuzes die er zijn, over waarom er voor bepaalde behandelingen gekozen wordt, of het niet anders kan en wat de scores op zorgkaartnederland.nl betekenen. Zonder goed verhaal en zonder invloed op deze ontwikkelingen sta je aan de zijlijn en onthoud je je cliënt een belangrijk deel van de zorg.

4.1.2 Omgaan met transparantie

Niet iedereen staat dus te springen als je met geaggregeerde uitkomsten aan komt zetten. De belangrijkste redenen staan hierboven genoemd, maar ook niet iedereen is vertrouwd met het cijfermatig bekijken en beoordelen van processen en

---

[1] ▶ https://www.rijksoverheid.nl/onderwerpen/patientenrecht-en-clientenrecht/vraag-en-antwoord/welke-informatie-moet-ik-als-patient-krijgen-over-een-medische-behandeling.

uitkomsten in de praktijk. Dat merkten wij ook toen we in 2002 begonnen met het terugkoppelen van uitkomsten op geaggregeerd niveau in de verslavingszorg. Als onderzoekers waren we gewend aan cijfers, aan betrouwbaarheidsintervallen en aan het onderzoeken van dwarsverbanden. Dat was logischerwijs veel minder het geval bij ons publiek, dat bestond uit hulpverleners en hun teamleiders, en in een enkel geval een regiomanager. Voor ons was het een uitdaging de cijfers zo overzichtelijk mogelijk te presenteren, op zo'n manier dat toehoorders de cliënten over wie het ging als het ware voor zich zagen. Gaandeweg leerden we om naast cijfers, percentages en gemiddelden ook de context te schetsen met meer anekdotische informatie, zoals antwoorden op open vragen die cliënten in de tevredenheidsvragenlijsten hadden gegeven. Dat laatste bleek vaak aanleiding om in discussie te gaan over de meer cijfermatige gegevens. Er was iets wat ons opviel: in eerste instantie brachten we, vooral bij teams waar we voor het eerst kwamen, veel tijd door met het discussiëren over de waarde van deze cijfers voor de praktijk. Kloppen ze wel? Was het niet maar een momentopname? Konden ze wel vertrouwen op cijfers die via administraties en vragenlijsten waren verzameld? Voor ons als onderzoekers die zeer overtuigd waren van de toegevoegde waarde van kwantitatieve gegevens voor de praktijk van de zorg, was deze scepsis en argwaan niet erg makkelijk te begrijpen. We beantwoordden al deze de vragen zo goed als mogelijk en probeerden de teams gaandeweg te verleiden om eens na te denken over acties waarmee de drop-out naar beneden zou gaan of de uitkomsten zouden verbeteren. Het waren de teams waar we het vaakst en het langst waren geweest, waarin op een gegeven moment hulpverleners opstonden en aangaven dat ze moesten stoppen met het in twijfel trekken van telkens maar weer dezelfde gegevens, ze moesten wat ondernemen! Wij waren verheugd over deze ontwikkeling, maar ook een beetje beduusd. We vroegen ons af waarom dat zo lang had moeten duren, en of we nou eigenlijk invloed op dit proces hadden (of hadden kunnen hebben), en zo ja welke. Want het is een proces. Het is een proces dat door Berwick, die jarenlang hoofd van het Amerikaanse Institute for Healthcare Improvement was, is beschreven als een reeks stadia waar mensen doorheen gaan als ze worden geconfronteerd met gegevens over hun eigen organisatie die een minder dan perfect beeld schetsen (Berwick 2003). Hij doet dat aan de hand van twee Japanse termen: *taseki* en *jiseki*. Taseki betekent 'de bal ligt bij jou; het probleem is niet van mij'. Jiseki betekent 'de verantwoordelijkheid ligt bij mij; ik pak de handschoen op' (IHI, z.j.). De reis van taseki naar jiseki volgt volgens Berwick vier stadia van coping die onvermijdelijk doorlopen moeten worden.

Stadium 1: De data kloppen niet

In het eerste stadium heerst ongeloof over de cijfers. Het is ook niet onvoorstelbaar dat de data niet helemaal overeenkomen met de werkelijkheid. In elke dataset zitten in eerste instantie fouten, zijn berekeningen niet altijd optimaal, is er sprake van vergissingen in de harmonisatie, of is er gewoonweg sprake van een slechte dataverzameling en een gemankeerde steekproeftrekking. Maar hoewel data nooit volstrekte zekerheid geven, zijn veel datasets toch wel goed genoeg om actie op te ondernemen.

Een praktijkvoorbeeld: in ons project kwamen responspercentages soms niet boven de twintig procent uit; het bleek niet altijd helder over welke teams de gegevens gingen; én er waren soms ronduit fouten gemaakt, zoals uitkomsten over groepstrainingen op een locatie waar alleen maar individuele behandelingen aangeboden werden. Het beeld dat hulpverleners zelf hadden van hun team of organisatie kwam vaak niet overeen met de data. Die bleken echter na nadere analyse toch wel degelijk te kloppen. Zo bleek het percentage cliënten dat de behandeling vroegtijdig afbrak (voor sommige teams in bepaalde perioden ruim 60 %) echt juist te zijn, ook al gaven teams aan dat percentages onacceptabel hoog waren en niet kónden kloppen. Het werd dus duidelijk dat het heel belangrijk was om gegevens voor elke terugkoppeling goed te controleren. Het was pionieren om gegevens over meerdere instellingen zo te harmoniseren en te interpreteren dat ze recht deden aan de werkelijkheid en begrepen werden door de teams. Deze ervaring is niet uniek voor dit project en deze setting: ook binnen de Santeon-groep, een samenwerkingsverband van zeven ziekenhuizen die uitkomstindicatoren van verschillende aandoeningen met elkaar vergelijken, wordt deze ervaring gedeeld. Hier wordt ook serieuze aandacht besteed aan datamanagement en rapportage (Bosch et al. 2016).

Stadium 2: De data kloppen wel, maar er is geen probleem

In dit stadium is de status quo dominant. De integriteit van de data en de weergave van de werkelijkheid worden niet meer ter discussie gesteld, maar men accepteert de uitkomsten zoals ze zijn, als onvermijdelijk behorend bij de beschreven praktijk, en men voelt zich niet genoodzaakt om actie te ondernemen.

Toen de respons hoger werd en toen behandelinhoudelijk verantwoordelijken betrokken waren bij de operationalisatie van indicatoren en de controle van de data, werd de juistheid van de gegevens niet meer in twijfel getrokken. Echter, de eerdergenoemde behandeluitval werd niet gezien als probleem, maar als vast gegeven. Een lange behandeling gaf nu eenmaal meer kans op uitval dan een korte. Hetzelfde gold voor de hoge terugvalpercentages onder cliënten met een alcoholverslaving: het was nu eenmaal moeilijk om geen uitglijders te hebben. Eenzelfde houding was er als het ging om cliënten die minder tevreden bleken over de behandeling. De soms persoonlijke antwoorden verhaalden over onpersoonlijke bejegening, lange wachttijden of afspraken die in de ogen van de cliënt niet werden nagekomen. Het was niet ongebruikelijk dat teams op die opmerkingen reageerden met reacties over uitzonderingen, lastige cliënten of een organisatie die nu eenmaal groot en log was. Verschillen in uitkomsten tussen instellingen werden verklaard door de 'cultuur' of door verschillen in cliëntkenmerken.

Stadium 3: De data kloppen, en er is een probleem, maar het is niet ons probleem

Nu wordt het probleem wel aangemerkt als probleem, maar de oplossing ligt niet bij het team of de hulpverleners zelf, maar daarbuiten: bij de klant, bij de organisatie, bij de directie of bij geld of tijd.

Uiteindelijk konden teams er niet meer onderuit sommige situaties te erkennen als onwenselijk of problematisch. Er werd echter vooral veel tijd en aandacht besteed aan de verklaring van de problemen, en dan met name het wegverklaren. Het percentage cliënten dat na verloop van tijd was teruggevallen in alcohol- of drugsgebruik kon geweten worden aan de korte behandeling. De niet volgens protocol gedane toewijzingen aan de verschillende typen behandelingen kwam door het beperkte aanbod dat instellingen hadden of aan de lange wachttijden die golden voor de behandeling die de cliënt eigenlijk had moeten ontvangen. Deze verklaringen klopten natuurlijk veelal wel, maar door de verklaring elders te zoeken, ga je niet zelf stappen ondernemen. Echter, geleidelijk aan ontstonden er ook geluiden over wat er gedaan zou kunnen worden aan dergelijke uitkomsten. Een van de eerste ideeën was dat het indicatieprotocol nog eens onder de loep genomen moest te worden. De teams waren aangekomen bij het vierde stadium.

Stadium 4: De data kloppen, en er is een probleem; het is óns probleem en we gaan er wat aan doen

Hier aangekomen stoppen de teams met het zoeken naar verklaringen en verontschuldigingen, maar streven ze verbeteringen na en willen ze de gegevens ook gebruiken om te veranderen en van te leren.

Niet zelden gaven daaraan voorafgaand een of meerdere hulpverleners uit het betreffende team aan dat ze deze uitkomsten nu al voor de zoveelste keer op rij zagen en dat het niet langer vol te houden was dat ze niet klopten, 'het nu eenmaal zo ging' of dat het aan anderen lag. In termen van implementatiestrategieën waren deze mensen de zogenaamde opinieleiders, die de teams verder in beweging brachten. Tegelijkertijd beseften wij – als terugkoppelaars – dat we de teams misschien meer moesten bieden dan het presenteren van uitkomsten alleen. We zetten werkvormen in om de teams uit te dagen om zo concreet mogelijk acties te formuleren en deze de volgende terugkoppeling (een half jaar later) te agenderen. Één team nam inderdaad zijn indicatieprotocol onder de loep en een ander team pakte de overconsumptie van de sessies aan.

4.1.3 Alle stadia ervaren

Het project waar we het hier over hebben, de Benchmark Leefstijltraining Verslavingszorg, eindigde in 2011. Er waren toen veel organisatorische veranderingen in de ggz én dus ook in de verslavingszorg. Ook kreeg de sector te maken met een landelijk initiatief voor het verzamelen van uitkomsten en het benchmarken daarvan, via de Stichting Benchmark GGZ (SBG), waardoor er minder ruimte was voor een dergelijk klein en tamelijk bewerkelijk initiatief. We hebben daardoor de eventuele grote verschuivingen en verbeteringen als gevolg van sturen op uitkomsten niet mee kunnen maken. Gelukkig zijn deze ervaringen wel bewaard gebleven en gedocumenteerd in hoofdstukken en artikelen (Oudejans et al. 2009; Oudejans et al. 2011; Schippers en Oudejans 2013), waardoor hulpverleners en teams die nu aan de slag willen met geaggregeerde uitkomsten kunnen lezen waar ze tegen aan kunnen lopen. Het introduceren en illustreren van bovenstaande stadia zorgt tijdens workshops en presentaties altijd voor veel herkenning en opluchting onder de toehoorders. Door er aandacht aan te besteden en open over te zijn kunnen de stadia sneller doorlopen worden dan dat wij destijds in onze onwetendheid hebben meegemaakt. Ook biedt het de mogelijkheid om te verwoorden waar je bent in een proces en daarmee aanknopingspunten om er doorheen te lopen. Het advies van Don Berwick over de stadia is dan ook heel passend. Hij geeft aan dat de stadia onvermijdelijk zijn en dat elk team ze moet doorlopen. Laten we daarom afsluiten met zijn uitnodiging: 'Wij moedigen u aan om alle stadia te ervaren, één voor één, maar doe het alstublieft snel' (IHI, z.j.).

4.2 Benchmarken tussen instellingen

Het vergelijken van uitkomsten met andere organisaties vereist dat er een centrale plek is waar deze gegevens worden bewaard en dat ze ter beschikking worden gesteld aan de partijen die er inzage in hebben. Voor de Nederlandse ggz is de Stichting Benchmark GGZ (SBG) de partij die dit doet. Aanbieders zorgen voor de aanlevering van de beveiligde gegevens aan SBG, en SBG brengt deze gegevens vervolgens bij elkaar. Om goed te kunnen benchmarken moeten gegevens vergelijkbaar zijn. Daartoe worden bij SBG uitkomsten gepresenteerd over negen verschillende domeinen, die elk een deel van de zorg in de ggz representeren. Hierdoor kunnen er vergelijkingen over relatief homogene groepen gemaakt worden. Om vervolgens de vergelijkbaarheid van de meetgegevens te waarborgen, hanteert SBG een aanleverprotocol met daarin voorschriften over meetmomenten, variabelen en meetinstrumenten. De uitkomsten, gemeten met een van die instrumenten, worden vervolgens geharmoniseerd en gepresenteerd als een T-score. Dit is een soort 'munteenheid' voor vragenlijstuitslagen. De ruwe score op de betreffende vragenlijst wordt omgezet naar een gestandaardiseerde score die loopt van 0 tot 100 met een gemiddelde van 50 en een standaarddeviatie van 10 (Beurs 2010). Op die manier zijn scores op verschillende vragenlijsten vergelijkbaar. In ◘ fig. 4.1 is een voorbeeld te zien van hoe scores op een aantal veelgebruikte vragenlijsten zich verhouden tot de T-score.

Deze behandeluitkomsten maakt SBG inzichtelijk via de webbased applicatie BRaM: de Benchmark Rapportage Module. Aanbieders (vanaf 1 juli 2017 zowel organisaties als vrijgevestigden) kunnen hun eigen uitkomsten vergelijken met een landelijk gemiddelde.

Een ander belangrijk punt bij het vergelijken van gegevens is de respons: die moet hoog genoeg zijn om íéts te kunnen zeggen over een populatie. Daartoe hebben alle betrokken partijen in een bestuurlijk akkoord afgesproken dat de respons in 2014 op vijftig procent moet liggen. Over het niet nakomen daarvan staat vermeld dat dit gevolgen kan hebben voor het contract met de zorgverzekeraar en dat GGZ Nederland de instellingen daarop kan aanspreken.

Het benchmarken met ROM gegevens is onderhevig aan veel kritiek. Zowel wat betreft privacy, als kwaliteit en betrouwbaarheid zijn er discussies gaande. In ▶ H. 9 gaan we nader in op SBG en komen we ook terug op de kritiek en discussiepunten.

4.2.1 Hoe word je dan beter door benchmarken?

Door geaggregeerde gegevens te bekijken en te vergelijken ben je in staat zogenaamde 'best practices' te identificeren. Dat zijn hulpverleners, teams, locaties of initiatieven die eruit springen: qua uitkomsten, qua kosten of qua cliënttevredenheid enzovoort. Het idee is dat je van deze best practices kunt leren: hoe doen ze het? Zijn er benaderingen of elementen die we over kunnen nemen en waar onze cliënten net zoveel van profiteren? Een voorbeeld uit de somatische zorg is Meetbaar Beter, een benchmarkinitiatief van een aantal hartcentra. Daarbij bleek dat de Isala-kliniek uit Zwolle een aantal jaren superieur scoorde op de indicator 'overleving'. Het bleek dat zij, voorafgaand aan elke hartoperatie een extra veiligheidscheck uitvoerden, de zogeheten 'Isala safety check'. Men concludeerde dat dit

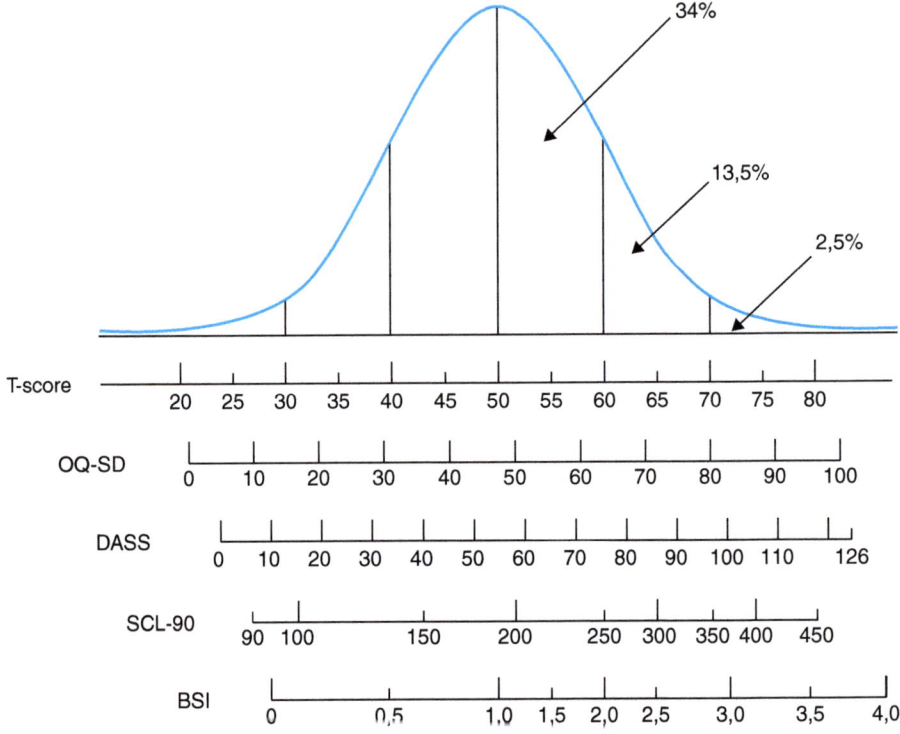

Figuur 4.1 T-score berekening voor vier meetinstrumenten. Bron: Beurs (2010)

ten grondslag kon liggen aan de goede uitkomsten en deze check wordt nu ingevoerd in andere hartcentra in Nederland (Hagenaars en Bruns 2016).

Een best practice komt overigens niet zomaar bovendrijven. Je moet wel onderzoek doen en alternatieve verklaringen stuk voor stuk elimineren. Daar gaan we in ▶H. 9 en 10 in concreto op in. Voor nu volstaan we met de richtlijn dat het van belang is dat je, voorafgaand aan het maken van een vergelijking, duidelijkheid hebt over welk vraagstuk je informatie wilt hebben. Als je behandelbeleid wilt onderzoeken, bekijk dan uitkomsten van vergelijkbare cliëntengroepen, en als je instroom- of plaatsingsbeleid wilt onderzoeken, bekijk dan uitkomsten van cliënten die hetzelfde behandelprogramma hebben gevolgd. Als je beide constant (vergelijkbare cliëntgroepen in hetzelfde behandelprogramma) houdt, dan kun je zaken als protocolintegriteit, wachttijden of bepaalde structuurkenmerken onderzoeken. Je moet dus – afhankelijk van de vraagstellingen – in elk geval íéts constant houden.

Verplichtingen en vrijheden

5.1 Verplichtingen – 40

5.2 Stichting Benchmark GGZ – 41
5.2.1 Zorgdomeinen, meetdomeinen en meetinstrumenten – 41
5.2.2 Verplichtingen én mogelijkheden voor het aanleveren van data – 42
5.2.3 Benchmark-uitkomsten bekijken – 44

5.3 Vrijheden – 44

© Bohn Stafleu van Loghum, onderdeel van Springer Media B.V. 2018
S. Oudejans en M. Spits, *Snel succes met ROM*, DOI 10.1007/978-90-368-1726-4_5

5.1 Verplichtingen

Het zal je niet ontgaan zijn dat ROM en benchmarking niet geheel vrijblijvend zijn. Er zijn partijen, zoals zorgverzekeraars en de overheid, die aanbieders in de ggz opleggen om bepaalde gegevens aan te leveren, soms gemeten met voorgeschreven meetinstrumenten en op voorgeschreven tijdstippen. Voldoet de aanbieder daar niet aan, dan volgt een onvolledige vergoeding van de zorg of een boete, of vervalt zelfs de bevoegdheid om zorg te leveren. De bekendste verplichting is het aanleveren van start- en eindmetingen van behandeluitkomsten ten behoeve van benchmarking.

Veldpartijen – waaronder GGZ Nederland – startten in 2009 het project 'ROM ggz' en verbonden aan ROM vier doelen: behandelen/begeleiden, leren, verantwoorden en onderzoeken. Het jaar daarop werd een bestuurlijk akkoord gesloten tussen aanbieders en verzekeraars, wat leidde tot activiteiten van SBG, die tot opdracht had gegevens ten behoeve van benchmarking te verzamelen en als benchmark aan de betrokken partijen beschikbaar te stellen. Er werd ook tot een bepaalde verplichting tot aanlevering besloten (Ham en Reitsma 2011). Het lag voor de hand om voor de aanlevering aan SBG gebruik te maken van ROM-data, vanuit de gedachte dat er vanzelf een dataset ontstaat om te gebruiken voor geaggregeerde uitspraken als ROM ten behoeve van de klinische behandeling voldoende geïmplementeerd is (Barendregt 2015). In de dagelijkse behandelpraktijk bleek ROM zeer mondjesmaat geïmplementeerd, en de afspraken tussen de veldpartijen over onder andere minimale responspercentages voor de aanlevering van begin- en eindmeting ten behoeve van benchmarking leidden tot een verdringing van verdere implementatie van ROM in de behandelpraktijk (Schoevers en Beekman 2017; Os et al. 2017). Aanbieders voelden zich gedwongen de afgesproken responspercentages te behalen, omdat er substantiële boetes stonden op het niet nakomen daarvan, en gingen daar hun energie in steken. Niet zelden leidde dit tot het stoppen of verwaarlozen van al eerder gestarte ROM- en benchmarkprojecten (Oudejans en Schippers 2013). Samen met de vele doelen die aan ROM werden toegeschreven én een gebrek aan consensus en kennis over wat benchmarking nu precies inhoudt en gaat opleveren (Barendregt 2015, 2017), heeft dit gezorgd voor een behoorlijk verdeeld veld. Enerzijds is er een verdere ontwikkeling van en toegenomen interesse in ROM én benchmarking (Groot et al. 2017; Jong et al. 2017; Verbraak et al. 2015), anderzijds is er kritiek op en zijn er vraagtekens gezet bij de opzet en methodologie waarmee ROM en benchmarking met elkaar verbonden zijn (Hafkenscheid en Os 2014; Oudejans 2009; Oudejans en Schippers 2013; Os et al. 2012).

Het is dus niet zo gek dat veel hulpverleners geen positieve associatie met ROM hebben, haar als een verplichting ervaren én haar als zodanig presenteren aan hun cliënten. Het resultaat is dat er twee partijen met tegenzin aan iets beginnen waar ze in oorsprong beter van zouden kunnen worden. Dat is zonde. Onze overtuiging is dat er genoeg ruimte over blijft om ROM zo in te zetten en te presenteren dat iedereen er beter van wordt als alle partijen weten wat wel en niet verplicht is en waarom. Daarom gaat dit hoofdstuk over verplichtingen en vrijheden met betrekking tot ROM en benchmarken. Het geeft antwoord op de vraag wat je moet doen en wat je kunt doen, en hopelijk helpt het je bij je eigen beslissing over wat je wilt doen.

5.2 Stichting Benchmark GGZ

Zoals eerder aangegeven is in 2010 de Stichting Benchmark GGZ (SBG) in het leven geroepen. Deze is als onafhankelijke partij opgericht om uitvoering te geven aan het benchmarken in de ggz, met als doel het bevorderen van transparantie en kwaliteitsverbetering van de ggz. Dit initiatief is voortgekomen uit een bestuurlijk akkoord tussen GGZ Nederland en Zorgverzekeraars Nederland (respectievelijk de brancheorganisatie voor instellingen in de ggz en de verslavingszorg en die voor de zorgverzekeraars). SBG wordt bestuurd door GGZ Nederland, Zorgverzekeraars Nederland (ZN) en MIND Landelijk Platform GGz (LPggz). In het bestuur zitten dan ook vertegenwoordigers van deze partijen, dus van cliënten, zorgverzekeraars en zorgaanbieders. SBG wordt geadviseerd door expertraden en door een wetenschappelijke raad. Het motto van SBG is 'beter worden door te leren van vergelijken', benchmarking dus. De Stichting verzamelt daartoe op landelijke schaal uitkomsten van ggz-behandelingen, en maakt deze inzichtelijk voor verschillende belanghebbenden. Idealiter wordt de informatie gebruikt als:
1. spiegelinformatie voor zorgaanbieders ten behoeve van het kwaliteitsbeleid;
2. inkoopinformatie voor zorgfinanciers;
3. keuze-informatie voor (toekomstige) cliënten.

De huidige stand van zaken is dat men begonnen is met punt 1, dat met punt 2 nog heel weinig ervaring is opgedaan en dat punt 3 nog niet is gerealiseerd (Blijd-Hoogewys 2017).

In 2015 hadden 233 zorgaanbieders informatie en eventuele behandeluitkomsten aangeleverd aan SBG, over bijna 500.000 DBC's (diagnose-behandelcombinaties, de jaarlijkse administratieve eenheid in de ggz) (*Jaarrapportage 2015. Behandeluitkomsten in beeld*, 2016).

Deze behandeluitkomsten maakt SBG inzichtelijk via de webbased applicatie BRaM: de Benchmark Rapportage Module. Aanbieders (vanaf 1 juli 2017 zowel organisaties als vrijgevestigden) kunnen hun eigen uitkomsten vergelijken met een landelijk gemiddelde. Daarnaast kunnen ze binnen hun eigen organisatie op het niveau van locaties of teams uitkomsten bekijken en vergelijken, en is het mogelijk om toe te treden tot referentiegroepen. Dat betreft subgroepen van aanbieders die hebben afgesproken om elkaars gegevens te delen via BRaM. De SynQuest-groep (een groep van 10 aanbieders die data delen ten behoeve van zorgverbetering) is hier een voorbeeld van. Iedere medewerker van een zorgaanbieder of een praktijk die informatie aanlevert bij SBG, kan toegang krijgen tot BRaM. Voor medewerkers van een grotere instelling loopt dit meestal via de automatiseringsafdeling. Zelfstandig gevestigde praktijkhouders kunnen eigenstandig een certificaat aanvragen. Zorgverzekeraars kunnen de gegevens ook bekijken, echter alleen op het niveau van de gehele organisatie; zij kunnen dus geen locaties met elkaar vergelijken.

5.2.1 Zorgdomeinen, meetdomeinen en meetinstrumenten

Om vergelijkbaarheid van meetgegevens te waarborgen, hanteert SBG een aanleverprotocol met daarin voorschriften over meetmomenten en de wijze waarop procesgegevens gemeten dienen te worden, en is er een beperkt aantal meetinstrumenten aangewezen om de behandeluitkomst mee vast te stellen.

Er wordt daartoe een onderscheid gemaakt in verschillende zorgdomeinen. Dit betreft een indeling van cliëntengroepen op basis van behandeldoel (cure of care), aard van de aandoening (met of zonder verslaving) en leeftijd. Deze indeling is gebaseerd op de indeling die in de ggz gebruikelijk is en vormt ook vaak de grondslag voor organisatorische eenheden binnen geïntegreerde ggz-instellingen. Daarnaast wordt onderscheid gemaakt in meetdomeinen. Een meetdomein geeft aan waarop gemeten kan worden, in dit geval de verschillende gebieden die tot uiting komen bij een psychische aandoening: op het gebied van psychopathologie (klachten en symptomen), op het gebied van het dagelijks functioneren en op het gebied van kwaliteit van leven. Naast deze drie meetdomeinen zijn er ook enkele zorgdomeinspecifieke meetdomeinen, bijvoorbeeld middelengebruik bij verslaving (Blijd-Hoogewys 2017). Per zorgdomein is één primair meetdomein gedefinieerd: uitkomsten worden in eerste instantie op dat meetdomein geëvalueerd en vergeleken. In ◻tab. 5.1 staat een overzicht van de zorgdomeinen en het primaire meetdomein.

5.2.2 Verplichtingen én mogelijkheden voor het aanleveren van data

Aanbieders zijn verplicht om uitkomstmetingen te leveren aan SBG voor alle verzekerde zorg. Voor aanbieders van kinder- en jeugdpsychiatrie (gefinancierd door gemeenten) geldt die verplichting (nog) niet, hoewel sommige gemeenten er wel om vragen. Voor de andere aanbieders geldt dat elke DBC minimaal voorzien dient te worden van een start- en eindmeting voor het primaire meetdomein van het betreffende zorgdomein, met één van de daartoe aangewezen meetinstrumenten. Dus dienen bijvoorbeeld bij iemand met een depressie (zorgdomein: Volwassenen Kort) klachten en symptomen (meetdomein: Klachten en Symptomen) gemeten te worden met aangewezen instrumenten. Langdurender behandeltrajecten bestaan vaak uit meerdere DBC's (die administratieve eenheden van een jaar betreffen). Daarvoor geldt dat elk van die DBC's binnen dat zorgtraject voorzien moet zijn van een start- en eindmeting, waarbij de eindmeting van de voorgaande DBC kan gelden als de startmeting voor de opvolgende DBC (mits die binnen de toegestane bandbreedte ligt). Voor het tijdstip van het meetmomenten zijn bandbreedtes aangewezen. Op dit moment is die bandbreedte zes maanden: de startmeting moet plaats hebben gevonden binnen drie maanden vóór of na het eerste behandelcontact binnen de betreffende DBC en hetzelfde geldt voor de eindmeting, alleen dan gaat het om het laatste behandelcontact binnen diezelfde DBC.

Welke zorgdomeinen er zijn, welke meetdomeinen primair zijn en welke instrumenten daarbinnen gebruikt kunnen worden, staat beschreven in de SBG *Minimale dataset* (MDS), die elke zes maanden geactualiseerd wordt. De MDS beschrijft ook welke andere informatie aangeleverd dient te worden, waarvan een deel verplicht is en een deel optioneel. De MDS is samen met andere relevante informatie beschikbaar op de website van SBG (▶www.sbgggz.nl). Vanzelfsprekend geldt dat hoe meer informatie aangeleverd wordt – zoals metingen voor secundaire meetdomeinen of informatie over organisatieonderdelen of cliëntkenmerken – hoe meer informatie er teruggekoppeld kan worden door SBG.

◘ **Tabel 5.1** Zorgdomeinen het hun primaire meetdomein zoals vastgesteld in de minimale dataset van SBG (gebaseerd op ▶ https://www.sbggz.nl/MDS?contentitem=a7f3cf53-8ff6-42e3-a5a1-36d327bf6f06 (geraadpleegd 19-6-2017)

zorgdomein		primair meetdomein
volwassenen cure	Curatieve zorg. Prestaties binnen dit zorgdomein worden primair afgemeten aan de reductie van klachten en symptomen.	klachten en symptomen
volwassenen EPA	Ernstige Psychiatrische Aandoeningen, waarbij het primaire behandeldoel doorgaans meer care is dan cure. Prestaties richten zich primair op het functioneren van de patiënt.	functioneren
kinderen en jeugd	Behandelingen die gericht zijn op het behandelen van stoornissen en problemen bij kinderen en jeugd tot 18 jaar.	geen primair meetdomein vastgesteld
verslaving cure	Het behandelen van verslavingsproblematiek met daarin overwegend behandelingen die primair gericht zijn op stoppen of minderen van problematisch middelengebruik of problematisch gokgedrag.	gebruik
verslaving chronisch	Het behandelen van verslavingsproblematiek met daarin overwegend behandelingen die primair gericht zijn op stabilisatie van primaire verslavingsproblemen én verbetering dan wel stabilisatie van het functioneren van de verslaafde.	gebruik
gerontopsychiatrie	Curatieve ggz-zorg bij ouderen.	functioneren
psychogeriatrie	Dementiezorg, voornamelijk maar niet uitsluitend bij ouderen.	geen primair meetdomein vastgesteld
dyslexie	Specifieke behandelingen gericht op ernstige enkelvoudige dyslexie.	lees-vloeiendheid en spelling-vaardigheid
forensische psychiatrie	Behandelingen gericht op het reduceren van het gevaarsrisico van de patiënt.	geen primair meetdomein vastgesteld

5.2.3 Benchmark-uitkomsten bekijken

Zoals gezegd koppelt SBG de landelijk verzamelde uitkomsten terug in de webbased applicatie BRaM. De informatie die daarin toegankelijk is, verschilt voor aanbieders en verzekeraars. Aanbieders kunnen hun eigen gegevens gedetailleerd inzien (tot op locatieniveau als daarvoor de juiste details zijn aangeleverd), en hun uitkomsten vergelijken met een landelijk gemiddelde. Als aanbieders zich verenigen in een zogenaamde referentiegroep (een cluster aanbieders), dan kunnen zij zich tevens vergelijken met het gemiddelde van die referentiegroep. Dat laatste kan aantrekkelijk zijn voor aanbieders die bijvoorbeeld veel samenwerken of sterk gelijkende zorg leveren waardoor deze extra vergelijking meerwaarde heeft.

Voor vrijgevestigde hulpverleners is BRaM anders ingedeeld dan voor organisaties (daarmee bedoelen we de grotere zorgaanbieders). Elke vrijgevestigde kan zichzelf terugzien in BRaM en wordt daarin vergeleken met het gemiddelde van alle andere vrijgevestigden én met het gemiddelde van een regionaal cluster vrijgevestigden. Deze clusters van minimaal veertig en maximaal tachtig praktijken worden op basis van postcode gevormd. Daarnaast is er, net als bij de organisaties, de mogelijkheid om met andere vrijgevestigden een referentiegroep te vormen. Dit geeft hulpverleners de mogelijkheid om bijvoorbeeld met een intervisiegroep of met een aantal praktijken die dezelfde zorg voor dezelfde cliënten leveren een eigen benchmark op te zetten.

Verzekeraars zien in BraM alle aanbieders, zowel organisaties als vrijgevestigden. Echter, zij zien de organisaties als één geheel. Willen ze meer weten, dan moeten ze in gesprek met de betreffende organisatie. Deze opzet betekent dat verzekeraars voor organisaties een veel minder gepersonaliseerde blik op uitkomsten hebben dan voor vrijgevestigden. In dat laatste geval zijn de uitkomsten soms direct terug te leiden tot één hulpverlener, terwijl het bij de uitkomsten voor organisaties niet direct helder is bij welk organisatieonderdeel, laat staan bij welke hulpverlener, de uitkomsten horen. Dat heeft voor- en nadelen. Door die personalisatie is het helder wie verantwoordelijk is voor de uitkomsten, wat een vrijgevestigde kwetsbaar kan maken, maar ook daadkracht en verantwoordelijkheid kan stimuleren om hier trots op te zijn of er iets aan te gaan doen. Voor organisaties is die prikkel veel minder aanwezig, met als mogelijk nadeel afgeschoven verantwoordelijkheden, maar ook geen trots en stuurkracht.

5.3 Vrijheden

De hierboven beschreven verplichtingen gelden voor de minimale eisen die worden gesteld aan het aanleveren van benchmarkdata aan SBG. Door te kiezen voor primaire meetdomeinen met daarbinnen een beperkte set instrumenten, bandbreedtes qua meetmomenten en instructies waarmee cliëntkenmerken geharmoniseerd worden, wordt een ondergrens van uniformiteit gewaarborgd waardoor benchmarken mogelijk is.

Deze eisen scheppen soms ten onrechte het beeld dat aanbieders hiermee óók verplicht zijn om in de behandelkamer op deze meetdomeinen, met deze instrumenten en op die tijdstippen aan ROM te doen. Gezien de eerder geschetste geschiedenis is dit niet verwonderlijk, maar absoluut niet noodzakelijk. Het staat aanbieders vrij voor willekeurig welk meetdomein, instrument, tijdstip en frequentie te kiezen ten behoeve van het monitoren van individuele behandelvoortgang. Het inzetten van de ORS en de SRS, het gebruik van diagnosespecifieke meetinstrumenten of aanvullende lijsten met betrekking tot herstel of persoonlijkheidsfunctioneren zijn daar voorbeelden van. Ook de meetmomenten zijn vrij in te vullen. De begin- en eindmeting dient aan een aantal eisen te voldoen, maar tussentijds ben je vrij om te kiezen hoe vaak en op welke momenten je andere of dezelfde instrumenten afneemt.

Meetinstrumenten

6.1 Type meetinstrumenten – 48

6.2 Generieke meetinstrumenten – 48
6.2.1 Meetinstrumenten voor Volwassenen cure – 49
6.2.2 Meetinstrumenten voor Volwassenen EPA – 51
6.2.3 Meetinstrumenten voor Verslaving cure en Verslaving chronisch – 52
6.2.4 Meetinstrumenten voor Dyslexie – 53
6.2.5 Meetinstrumenten voor Gerontopsychiatrie – 53
6.2.6 Meetinstrumenten voor Kinderen en Jeugd en voor Forensische Psychiatrie – 54

6.3 Meetinstrumenten om herstel te meten – 55

6.4 Generiek of diagnosespecifiek? – 56

6.5 Het kiezen van het juiste meetinstrument – 57

© Bohn Stafleu van Loghum, onderdeel van Springer Media B.V. 2018
S. Oudejans en M. Spits, *Snel succes met ROM*, DOI 10.1007/978-90-368-1726-4_6

6.1 Type meetinstrumenten

Vaak vallen doelen van geaggregeerde dataverzameling niet samen met hetgeen hulpverleners het belangrijkst vinden. Managers en beleidsmedewerkers vinden algemene gegevens op populatieniveau belangrijk, terwijl hulpverleners gegevens voor individuele en directe cliëntenzorg heel belangrijk vinden. De wens van managers vertaalt zich vaak naar administratie en lijstjes die ingevuld moeten worden in de behandelkamer. Als dat instrumenten zijn die voor hulpverleners geen informatie opleveren voor (klinische) besluitvorming, dan is het snel gedaan met het enthousiasme (Slade 2010). Over het algemeen ziet het er zo uit: hulpverleners zijn primair gericht op het verminderen van diagnosespecifieke klachten, en de afdeling Kwaliteit, Zorginnovatie of Onderzoek heeft meer (of ook) interesse in de afname van de meer generieke klachten. Die kunnen namelijk op instellingsniveau met elkaar vergeleken worden. Momenteel wordt er ook zo gebenchmarkt, en daarvoor is een verplichting tot aanleveren. Toch hoeft het een het ander niet uit te sluiten; diagnosespecifiek terugkoppelen is belangrijk (op deze klachten is de behandeling tenslotte gericht), maar veel generieke meetinstrumenten leveren ook diagnosespecifieke informatie op en ze zeggen iets over het dagelijks leven van de cliënt. Die informatie kan gebruikt worden om de (diagnosespecifieke) uitkomsten in een context te plaatsen en in te zetten in het kader van gedeelde besluitvorming en zelfmanagement.

6.2 Generieke meetinstrumenten

Wat zijn nu meetinstrumenten die geschikt zijn om uitkomsten te monitoren in de dagelijkse zorg? In principe is elk instrument geschikt dat valide is voor hetgeen je wilt meten, dat betrouwbaar is én dat gevoelig voor verandering is. Dat zijn er talloze, maar we zullen ons hier beperken tot de bekendste en gangbaarste. Uit het oogpunt van overzichtelijkheid en eenheid van taal hanteren we daarvoor een indeling van meetinstrumenten per type psychische zorg (een 'zorgdomein') en per meetdomein (zoals de eerder genoemde klachten en symptomen, het functioneren en de kwaliteit van leven). Dit is, zoals hiervoor besproken, de indeling die door SBG gebruikt wordt voor het aanleveren van gegevens ten behoeve van benchmarking (Warmerdam 2017b), maar het spreken in termen van zorgdomeinen en meetdomeinen is ook relevant en toepasbaar als het gaat om het gebruik van meetinstrumenten ten behoeve van monitoring in de behandelkamer.

In dit overzicht beperken we ons tot de instrumenten behorend bij het primaire meetdomein (het meetdomein waarop in dit zorgdomein als eerste wordt gebenchmarkt) (SBG 2017) dat door SBG wordt voorgeschreven in de minimale dataset. Voor een aantal zorgdomeinen echter, zoals Kinderen & Jeugd en Forensische psychiatrie, is vanwege andere financieringsstromen geen primair meetdomein vastgesteld. Om die reden wordt een aantal relevante generieke meetinstrumenten voor deze zorgdomeinen besproken in ▶ par. 6.2.6. Tot slot wordt in ▶ par. 6.3 aandacht besteed aan het meten van functioneren en herstel.

6.2.1 Meetinstrumenten voor Volwassenen cure

Outcome Questionnaire

De Outcome Questionnaire (OQ-45) is een vragenlijst voor het meten van psychische klachten, het interpersoonlijk functioneren en het functioneren in de sociale rol. In de handleiding wordt aangegeven dat de lijst meet 1) hoe het met iemand gaat, 2) hoe diegene omgaat met andere mensen die belangrijk voor hem/haar zijn, en 3) hoe belangrijke taken in zijn/haar leven verricht worden (Jong et al. 2009).

De vragenlijst is eind vorige eeuw in de Verenigde Staten ontwikkeld door Michael Lambert, omdat er behoefte was aan een instrument dat bruikbaar was voor de klinische praktijk (en dus vooral niet te lang was), dat meerdere domeinen bestreek en dat gevoelig was voor verandering. Het instrument is geschikt voor screening, het meten van het therapie-effect en het monitoren van de voortgang gedurende de behandeling. Het is een onderdeel van een systeem waarmee computerondersteunde behandelbeslissingen genomen kunnen worden. De lijst wordt inmiddels veel gebruikt en is beschikbaar in acht talen, waaronder Frans, Spaans, Duits en Nederlands (Jong 2012; Jong et al. 2007).

Het verschil tussen de OQ-45 en andere veelgebruikte lijsten in de ggz (zoals de BSI of de SCL-90) is dat de OQ-45 drie domeinen meet ('symptomatische distress', 'interpersoonlijke relaties' en 'sociale rol'). Het laatstgenoemde domein wordt door de BSI en de SCL-90 niet vastgesteld, terwijl het wel steeds geaccepteerder is om welzijn in brede zin mee te nemen (Jong et al. 2007). De OQ-45 is in dat opzicht dus net iets completer (en niet langer).

De schaal Symptomatische Distress bevat items die de symptomen van de meest voorkomende stoornissen (angst, stemming, aanpassing en stress) weergeven. De schaal Interpersoonlijke Relaties bevat items die eenzaamheid, conflicten met anderen, en familie- en huwelijksproblemen weergeven. Items uit de schaal Sociale Rol reflecteren moeilijkheden, stress en conflicten in iemands rol als werknemer, thuis of op school of in de studie. Na validatie in Nederland wordt er een vierde subschaal onderscheiden, die uit overlappende items uit andere schalen bestaat, te weten Angst en Somatische Distress. Deze items komen op één na alle uit de schaal Symptomatische Distress. De schaal Angst en Somatische Distress bestaat voornamelijk uit items die cognitieve en lichamelijke representaties van angst vaststellen.

Items worden gescoord op een vijfpuntsschaal lopend van '0 = nooit' tot '4 = bijna altijd' en hebben betrekking op de frequentie van de ervaren klachten in de afgelopen week. Voor alle schalen en dus ook voor de totaalscore geldt: hoe hoger de score, hoe meer klachten of problemen. Omdat de schalen allemaal verschillen in het aantal items dat ze omvatten, zijn de somscores niet zonder meer vergelijkbaar. Wél kan ervoor gekozen worden om gemiddelde schaalscores te berekenen waarmee een indruk gekregen kan worden op welke domeinen de cliënt relatief de meeste problemen heeft. Er is een Nederlandse handleiding beschikbaar, met scoringsinstructies en normtabellen gebaseerd op Nederlandse steekproeven (Jong et al. 2009).

De OQ-45 wordt uitgegeven door het Amerikaanse OQ Measures. Aan het gebruik van de vragenlijst en de materialen zijn kosten verbonden. Hiervoor is een licentie nodig die verschillende varianten kent: zo is er een papieren variant, maar in veel gevallen is de licentie geregeld via ROM-software (zie ▶H. 7). De licentiekosten bedragen circa 65 cent per cliënt. Ook zijn er uitgebreidere pakketten beschikbaar, met aanvullende vragenlijsten voor verdere besluitvorming.

Brief Symptom Inventory (BSI)

De Brief Symptom Inventory (BSI) is een verkorte versie van de SCL-90 (Beurs en Zitman 2006). De BSI geeft een indicatie van de aard en de ernst van de psychische problemen van een cliënt. De totaalscore is een afspiegeling van de *ernst* van de klachten of symptomen en de *aard* van de klachten volgt uit het scoreprofiel op de schalen van de BSI. Zo kunnen klachten bijvoorbeeld vooral stemmingsklachten, angstklachten, somatische klachten of cognitieve problemen zijn. Daartoe bevat de BSI negen schalen van psychopathologie of klachtgebieden: Somatische klachten, Cognitieve klachten, Interpersoonlijke gevoeligheid, Depressie, Angst, Hostiliteit, Fobische klachten, Paranoïde gedachten en Psychoticisme.

De lijst is halverwege de jaren zeventig van de vorige eeuw ontwikkeld in de Verenigde Staten als verkorte versie van de Symptom Checklist (SCL-90). De SCL-90 was lange tijd de bekendste en meestgebruikte vragenlijst onder Nederlandse psychologen. De introductie en grotere bekendheid van het kortere alternatief, de BSI, volgde aan het begin van deze eeuw (Beurs en Zitman 2006). De lijst is beschikbaar in verschillende talen, waaronder Duits en Engels, en in de verkorte (18 item-) versie in het Frans en het Spaans.

Ten opzichte van de OQ-45 mist de BSI informatie over welzijn en functioneren, maar de lijst is wel in staat om de psychische problemen gedetailleerder in kaart te brengen (met negen schalen in plaats van één) dan de OQ-45. Vragen over middelengebruik ontbreken in de BSI.

Elke dimensie telt vier à zes items die een 'probleem' beschrijven. Cliënten moeten op een vijfpuntsschaal (0 = helemaal niet; 4 = heel veel) aangeven in hoeverre ze 'de afgelopen week inclusief vandaag' last hebben gehad van dit probleem. Het meet dus de intensiteit van de klachten. Hoe hoger de score, hoe ernstiger de problemen. Naast scores op elk van de negen dimensies kan men drie globale indices voor de ernst van de psychopathologie berekenen: de *gemiddelde* score op alle 53 items tezamen, het *aantal* items waarvan de respondent enige last zegt hebben (oftewel het aantal symptomen) en de *ernst* van de aanwezige symptomen (de totaalscore gedeeld door het aantal aanwezige symptomen). Er is een Nederlandse handleiding beschikbaar, met scoringsinstructies en normtabellen gebaseerd op Nederlandse steekproeven (Beurs 2011b).

Ook voor de BSI is een licentie benodigd voor gebruik. Papieren materialen kunnen via de website van de uitgever (Pearson) besteld worden, maar net zoals bij de OQ-45 geldt dat de licentie in veel gevallen via ROM-software gebruikt en afgerekend wordt. De kosten daarvoor zijn eveneens 65 cent per cliënt (per kalenderjaar)

Symptom Questionnaire (SQ-48)

De 48 Symptom Questionnaire (SQ-48) bestaat uit 48 items en stelt naast algemene psychopathologie ook de vitaliteit en het functioneren op het gebied van het werk vast (Carlier, z.j.). De vragenlijst is bij het Leids Universitair Medisch Centrum (LUMC) ontwikkeld vanuit de behoefte aan een gratis instrument waarmee zowel psychische klachten als positieve aspecten van gezondheid gemeten kunnen worden. Er is tevens een Engelse versie beschikbaar.

Het instrument is inzetbaar voor screening, het monitoren van behandelvoortgang, benchmarking en epidemiologisch onderzoek (Carlier et al. 2012).

De SQ-48 kent negen schalen: Angst, Depressie, Agorafobie, Somatische klachten, Vijandigheid, Sociale fobie, Cognitieve klachten, Vitaliteit en Werk. In vergelijking met de OQ-45 voegt de SQ-48 detail (in psychopathologie) toe, en in vergelijking met de BSI heeft de SQ-48 aandacht voor positieve constructen (met de schalen Werk en Vitaliteit), zonder langer te zijn. Vragen over middelengebruik ontbreken echter in de SQ-48.

Elke schaal heeft tussen de vier en zeven items met stellingen, waarvan de cliënt wordt gevraagd aan te geven hoe vaak die de afgelopen week last had van het probleem dat in het item beschreven wordt. Dat kan aan de hand van een vijfpuntsschaal, waarbij 0 staat voor 'nooit' en 4 voor 'zeer vaak'. De SQ-48 meet dus, net als de OQ-45, de frequentie van de klachten. De vragenlijst kent negen subschaalscores, en een totaalscore waarvoor alle subschalen – behalve Werk – bij elkaar opgeteld moeten worden. Voor alle subschalen (behalve Werk) zijn cutoffscores ten opzichte van de 'normale' populatie beschikbaar. Er zijn ook normen voor cliënten, maar uitgebreidere normtabellen, zoals in de handleidingen van de OQ-45 en de BSI zijn (nog) niet beschikbaar.

De SQ-48 valt in het publieke domein. Hij is ontwikkeld door de afdeling Psychiatrie van het LUMC. Dat betekent dat de vragenlijst kosteloos te gebruiken is en er geen licentiekosten zijn. De vragenlijst en bijbehorende materialen zijn via de website van het LUMC verkrijgbaar.[1] Ook via eerder genoemde ROM-software is de SQ-48 kosteloos te verkrijgen.

6.2.2 Meetinstrumenten voor Volwassenen EPA

Er is een groep cliënten die te maken heeft met ernstiger en langduriger problematiek, zoals cliënten met ernstige persoonlijkheidsstoornissen of psychotische stoornissen. Van oudsher vallen deze cliënten onder de 'langdurige zorg' of de 'care'. Ook wordt wel aan deze groep gerefereerd met de term EPA (ernstige psychiatrische aandoeningen). Het betreft dan cliënten met een psychiatrische stoornis die ernstige beperkingen in het sociaal en/of maatschappelijk functioneren teweegbrengt, en waarbij deze stoornis en beperkingen structureel of langdurig zijn (ten minste enkele jaren). Cliënten kunnen in sommige perioden tot deze groep behoren en in andere niet. Er is sprake van remissie als er minstens zes maanden voorbij gaan zonder symptomen, en als die periode langer dan vijf jaar duurt wordt een cliënt niet meer tot de EPA-groep gerekend (Nugter et al. 2017).

Over het algemeen geldt dat veranderingen bij de EPA-groep op het gebied van symptomen vaak klein zijn als men kijkt naar uitkomsten van behandelingen. Uitkomsten worden veelal eerder behaald op levensgebieden die samenhangen met het sociaal en/of maatschappelijk functioneren. Instrumenten om uitkomsten van de behandeling te monitoren moeten daarom gevoelig zijn voor kleine veranderingen en meer levensgebieden bestrijken. Omdat ziekte-inzicht soms ontbreekt, is het invullen van zelfbeoordelingsvragenlijsten niet altijd mogelijk, waardoor het zinniger kan zijn om gebruik te maken van beoordelingsinstrumenten (waarbij de hulpverlener of een naaste een oordeel geeft over de toestand van de cliënt) (Swildens et al. 2011).

---

1 ▶ https://www.lumc.nl/org/psychiatrie/research/sq-48/

Experts uit het veld hebben gesteld dat ROM bij deze groep moet gaan over psychische symptomen, verslaving, somatiek, algemeen functioneren, zorgbehoeften, kwaliteit van leven en cliënttevredenheid over de zorg. Over het algemeen moet behandeling, begeleiding en ondersteuning gericht zijn op herstel op drie dimensies: symptomatisch, maatschappelijk en persoonlijk (Nugter et al. 2017).

Verreweg het bekendste en meestgebruikte generieke instrument om resultaten van de behandeling te volgen voor deze groep cliënten is de HoNOS (Health of the Nation Outcome Scales). Met dit beoordelingsinstrument worden de huidige geestelijke gezondheidstoestand en het sociaal functioneren van psychiatrische cliënten in kaart gebracht.

De lijst is ontwikkeld in opdracht van het Engelse Ministerie van Volksgezondheid als instrument om de gezondheidstoestand en het sociaal functioneren van psychiatrische cliënten in kaart te brengen (Mulder et al. 2004). Het instrument wordt veel gebruikt in Engeland, Australië en ook in Nederland. Tevens zijn er speciale versies ontworpen voor ouderen (HoNOS 65+), kinderen en adolescenten (HoNOSCA), kinderen met leerproblemen, mensen met verworven cognitieve stoornissen en cliënten in de forensische psychiatrie.

De HoNOS heeft twaalf items en bestaat uit vier schalen, te weten: Gedragsproblemen, Beperkingen, Symptomen en Sociale problemen. De HoNOS wordt ingevuld door een beoordelaar (arts, verpleegkundige of andere ggz-medewerker) en alle items dienen op een vijfpuntsschaal gescoord te worden: van 0 (geen probleem), 1 (licht), 2 (matig), 3 (vrij ernstig) tot 4 (ernstig tot zeer ernstig probleem). Het invullen duurt vijf tot vijftien minuten, afhankelijk van hoe goed de beoordelaar de cliënt kent (Mulder et al. 2004a; 2004b).

6.2.3 Meetinstrumenten voor Verslaving cure en Verslaving chronisch

Gaat het om verslavingszorg, dan is het monitoren op psychische klachten niet de eerste prioriteit: hier gaat het om een afname of stabilisatie van het middelengebruik of gokken. Daar zijn in elk geval de curatieve verslavingsbehandelingen op gericht. Maar ook voor de chronische verslavingszorg wordt middelengebruik momenteel aangewezen als primair meetdomein. In Nederland is het bekendste instrument de MATE (Meten van Addicties voor Triage en Evaluatie; Schippers en Broekman 2014). Dat instrument bestaat uit een aantal modules die verschillende leefgebieden (zoals verlangen naar middelen, lichamelijke klachten, psychische klachten, activiteiten en participatie) uitvragen. Tevens omvat de MATE een module die het gebruik van middelen of gokgedrag over de afgelopen dertig dagen vaststelt; deze wordt ook wel de Middelenmatrix genoemd (Oudejans en Spits 2017). Met deze module wordt voor dertien middelen de gebruiksgeschiedenis en de hoeveelheden en frequentie van gebruik over de voorgaande dertig dagen vastgelegd. De Middelenmatrix is aangewezen als model voor het uniform aanleveren van gegevens over middelengebruik aan SBG. De MATE is tevens gericht op het zo efficiënt mogelijk toewijzen van zorg.

6.2.4 Meetinstrumenten voor Dyslexie

Net als voor het zorgdomein Verslaving, is voor het zorgdomein Dyslexie ook een specifieker meetdomein aangewezen dan klachten en symptomen. Voor dyslexie zijn zelfs twee primaire meetdomeinen aangewezen, te weten leesvloeiendheid en spellingvaardigheid. De instrumenten voor deze meetdomeinen worden afgenomen bij de kinderen zelf, en de leerkracht dient de uitkomsten te beoordelen.

Voor leesvloeiendheid worden twee instrumenten genoemd, de 3DMLS-SNL (Differentiaal Diagnostiek van Dyslexie, Lees snelheid) en de EMT (Een-Minuut-Test). De 3DM is een instrument voor diagnosticering van dyslexie en bestaat uit tien verschillende taken, waaronder criteriumtaken, waar de leestaak (3DMLS-SNL) en de spellingtaak onder vallen (SDN 2008; Vaessen en Blomert 2013). Het boek en de materialen zijn tegen kosten verkrijgbaar bij Boom test uitgevers.

De EMT (Een-Minuut-Test) van Brus en Voeten meet ook de technische leesvaardigheid (Kuijpers et al. 2003) en wordt uitgegeven door Pearson. Daar zijn de materialen, tegen betaling, dan ook te verkrijgen. Met de EMT wordt het aantal woorden bepaald dat een kind in één minuut kan lezen.

Voor spellingvaardigheid worden ook twee instrumenten aangewezen, de spellingtaak van de 3DM (SDMSPL-ACC) (SDN 2008; Vaessen en Blomert 2013) en het PI-dictee (Notenboom en Reitsma 2003). De spellingtaak van 3DM meet zowel accuratesse als snelheid. Waar deze instrumenten vooral diagnostisch gebruikt lijken te worden, wordt bij PI-dictee (uitgever Pearson) aangegeven dat dit instrument ook signalerend en monitorend ingezet kan worden. Het dictee is inmiddels wel verouderd, maar op de website van PI Research, de ontwikkelaars, staat aangegeven dat ze, in samenwerking met scholen, bezig zijn met een doorontwikkeling van het PI-dictee (▶ https://www.piresearch.nl/producten/pi-dictee).

6.2.5 Meetinstrumenten voor Gerontopsychiatrie

Het zorgdomein Gerontopsychiatrie (ouderenpsychiatrie) kent een heterogene cliëntenpopulatie, aangezien dit zorgdomein alleen maar gedefinieerd is door leeftijd, en dan niet eens zo scherp. Het criterium vanaf welke leeftijd er sprake is van ouderenpsychiatrie varieert van 55+ tot 65+ (Marijnissen en Oude Voshaar 2017). Die heterogeniteit voor wat betreft de aandoeningen kan voor een groot gedeelte worden herleid tot de prevalentie van somatische aandoeningen en cognitieve stoornissen, die toeneemt naarmate de leeftijd vordert. Ouderdom gaat gepaard met kwetsbaarheid en resulteert vaak in 'frailty' (broosheid), die gevolgen heeft voor psychosociale factoren, zoals eenzaamheid, angst en depressieve symptomen (Dejaeger et al. 2011). Hierdoor is het vaststellen van een psychische stoornis en het monitoren van het beloop daarvan niet altijd eenvoudig. Symptomen, en daarmee scores op meetinstrumenten, kunnen veroorzaakt worden door (tijdelijke) ontregeling op het gebied van de somatiek of van cognitieve functies (Marijnissen en Oude Voshaar 2017). Mede daardoor wordt bij de evaluatie van de behandeleffectiviteit de nadruk meer gelegd op het dagelijks functioneren dan op een afname van klachten en symptomen. Het meestgebruikte generieke instrument in de ouderenpsychiatrie is de HoNOS 65+, een doorontwikkelde versie van de oorspronkelijke HoNOS, waarbij tegemoet is gekomen aan specifieke kenmerken van oudere psychiatrische cliënten. In de HoNOS 65+ is aandacht voor de mate van bewustzijn, voor aspecten van een depressie zoals schuldgevoelens en zelfdoding, en bijzondere aandacht voor de eventuele chroniciteit van cognitieve problemen (Dhondt 2012; Veerbeek et al. 2013).

6.2.6 Meetinstrumenten voor Kinderen en Jeugd en voor Forensische Psychiatrie

De diversiteit van problemen en klachten binnen het zorgdomein Kinderen en Jeugd is groot, zowel in soort als in ernst: zij kan variëren van een ongezonde leefstijl tot obesitas tot 'druk gedrag' tot ADHD, maar heeft ook betrekking op ouders die zich onzeker voelen over de opvoeding tot aan ondertoezichtstellingen (Veerman en Yperen 2017). Behandeluitkomsten binnen deze sector zijn dan ook zeer breed geformuleerd en spelen zich af op een zestal gebieden, waaronder doelrealisatie en probleemvermindering. Onder dat laatste wordt een vermindering van psychische klachten en een toename van participatie, veiligheid en opvoedcompetenties verstaan (Veerman en Yperen 2017). De hulp binnen deze sector kan zich zowel op het kind als op de opvoeder richten, waardoor evaluatie van die hulp en de uitkomsten daarvan ook plaats dient te vinden bij die betreffende persoon. Instrumenten voor ROM in de jeugdhulp zijn dan ook beschikbaar in meerdere versies die gericht zijn op meerdere typen respondenten. De Child Behavior Checklist (CBCL) is daar een voorbeeld van. Met het instrument worden emotionele- en gedragsproblemen van kinderen over de afgelopen twee maanden vastgelegd. Voor jongere kinderen zijn de ouders of verzorgers van het kind de respondent (zij dienen het gedrag en de problemen van het kind te beoordelen), maar kinderen ouder dan elf jaar kunnen zelf de vragenlijst invullen (dit is de zogenoemde YSR: de Youth Self Report-versie). Tevens is er een versie voor de leerkracht beschikbaar: de Teacher's Report Form (TRF). De lijsten variëren in lengte, maar kennen allemaal zo rond de honderd items. De lijst kent schalen die zogenaamde 'syndromen' vaststellen (zoals onder meer Agressie, Teruggetrokkenheid, Angst en Depressie) en tevens drie algemenere schalen, te weten Internaliserend, Externaliserend en de Totaalscore (Koot et al. 1997; Theunissen et al. 2015). De lengte van de CBCL maakt de lijst intensief en belastend in de dagelijkse praktijk (Theunissen et al. 2015), waardoor een instrument als de Strengths and Difficulties Questionnaire(SDQ) een aantrekkelijk alternatief kan zijn. Deze lijst is bestemd voor vier- tot zestienjarigen en kent 25 items, die door ouders of leraren beantwoord kunnen worden. Voor kinderen van elf jaar en ouder is er een versie die zij zelf kunnen invullen (Goodman et al. 2000; Widenfelt et al. 2003). Het instrument kent vijf schalen, waaronder Emotionele problemen, Gedragsproblemen en Hyperactiviteit aandachtstekort. De vragen gaan over moeilijkheden én over sterktes van het kind, zoals blijkt uit de aanwezigheid van de schaal Pro-sociaal gedrag. De lijst is er in meer dan veertig talen wat internationale vergelijkingen mogelijk maakt (Widenfelt et al. 2003).

Binnen het zorgdomein Forensische psychiatrie worden verschillende meetinstrumenten genoemd. De HKT-R en HCR-20V3 zijn daarvan de bekendste en meestgebruikte (Ruiter 2010). Dit zijn ook de verplichte meetinstrumenten voor het vaststellen van recidiverisico (*Factsheet ROM: informatie voor de forensische zorgaanbieders met betrekking tot ROM en risicotaxatie. Stand van zaken 2015*, 2014). De HCR-20V3 bestaat uit twintig items, onderverdeeld in historische items, klinische items en risicohanteringsitems. De historische schaal bestaat uit items zoals 'eerder welddadig gedrag' en 'problemen in de kindertijd', die verwijzen naar recidivevoorspellende factoren vanuit het verleden. De klinische schaal bevat factoren zoals 'gebrek aan zelfinzicht' en 'impulsiviteit'. De schaal risicohantering bevat items zoals 'blootstelling aan destabiliserende factoren' en 'geringe beschikbaarheid steun'. De twee laatstgenoemde schalen hebben betrekking op factoren die in de toekomst de kans op recidive zouden kunnen verhogen (Vogel et al. 2013). De HKT-R is ontwikkeld voor de Nederlandse situatie. Het instrument lijkt op de HCR-20V3, maar er worden meer (dynamische) risicofactoren uitgevraagd. Het instrument bestaat uit 33 items en kent drie categorieën: 'historisch', 'klinisch' en 'toekomst' (Spreen et al. 2014). Het zijn de klinische en toekomstfactoren (of risicohanteringsitems) waarop de behandeling zich richt: die zijn veranderbaar en daarmee vooral van belang in het kader van ROM.

6.3 Meetinstrumenten om herstel te meten

Er is steeds meer aandacht voor herstel, niet alleen bij EPA-cliënten, maar ook bij korter durende, curatieve behandelingen. Dit heeft tot gevolg gehad dat er ook een groeiende behoefte is aan een instrumentarium dat hier meer nadruk op legt dan dat tot nu toe (zoals met de HoNOS) het geval is. Op dit moment is er daarom een nieuw instrument in ontwikkeling genaamd de Integrale Herstelschaal (IHS). Dit instrument moet de eerdergenoemde drie hersteldimensies (symptomatisch, maatschappelijk en persoonlijk) vaststellen en bestaat uit een combinatie van items uit de HoNOS en de MANSA (Nugter et al. 2017). De MANSA (Manchester Short Assessment of Quality of Life) is ook een bekend meetinstrument, dat in interviewvorm de tevredenheid over verschillende levensgebieden meet. Het instrument wordt vaak in één adem genoemd met instrumenten die kwaliteit van leven meten, maar het betreft veel meer een instrument dat 'algemene tevredenheid met het leven' in kaart brengt en het verschilt daarom van andere meer op het functioneren gerichte instrumenten voor het meten van de kwaliteit van leven. De MANSA bestaat uit vier 'objectieve' vragen en twaalf subjectieve. Voorbeelden van onderwerpen zijn dagbesteding, lichamelijke gezondheid, veiligheid en financiële situatie. De objectieve vragen worden met 'ja' of 'nee' beantwoord. Bij de subjectieve vragen heeft men de keuze uit zeven antwoordmogelijkheden lopend van '1 = kan niet slechter' tot '7 = kan niet beter'. Uit de subjectieve vragen komt één gemiddelde score, waarbij een hogere score een betere kwaliteit van leven betekent (Priebe et al. 1999).

Herstel, zoals gedefinieerd in de hersteldimensies, kent ook binnen de curatieve ggz toenemende belangstelling. De SQ-48 kent schalen die werk en vitaliteit meten, en de OQ-45 kent de schalen Sociale Rol en Interpersoonlijke Relaties. Het bespreken van de resultaten en het bijhouden van de veranderingen op die gebieden draagt bij aan het monitoren en agenderen van het proces van functioneel en maatschappelijk herstel van de cliënt. Hulpverlener en cliënt kunnen hiermee samen bespreken wat de cliënt belangrijk vindt en wat haalbare doelen zijn.

6.4 Generiek of diagnosespecifiek?

Met de hierboven beschreven generieke meetinstrumenten (met uitzondering van Dyslexie en Verslaving) kunnen behandeluitkomsten over relatief heterogene cliëntenpopulaties vastgesteld worden. Dat lijkt op het eerste gezicht alleen relevant voor benchmarking (omdat zo uitkomsten van verschillende groepen cliënten met elkaar vergeleken kunnen worden), maar de meeste van deze instrumenten zijn geschikt en vaak afdoende voor het monitoren en bespreken van uitkomsten in de behandelkamer. Sterker nog, zowel de SQ-48 als de OQ-45 zijn voor dit doel ontwikkeld (Carlier et al. 2012; Jong et al. 2009). Om te beginnen geeft de betrekkelijke eenheid van taal en instrumentarium je als hulpverlener een uniform aanknopingspunt voor wat je kunt verwachten van een ggz-behandeling. Dat maakt het interpreteren en terugkoppelen van informatie uit die instrumenten makkelijker en betekenisvoller dan als er telkens geschakeld moet worden tussen verschillende vragenlijsten en scores. Ten tweede beschikken alle generieke instrumenten over meerdere schalen, waardoor er naast een totaalscore, ook teruggekoppeld kan worden over specifieke klachten zoals angst en depressie. Inzoomen hierop kan dus diagnosespecifieke informatie opleveren. De meerwaarde van een generiek instrument is dan ook dat de andere schalen, over bijvoorbeeld werk of cognitieve klachten (zoals vastgesteld door de SQ-48, de HoNOS of de BSI), contextuele en ondersteunende informatie geven over het leven van een cliënt. Verbetering of achteruitgang op die gebieden kan motiverend of stimulerend werken. Tot slot kunnen de uitkomsten van een generiek instrument inzicht geven in aspecten die wellicht, vanwege de diagnose of het type klachten, niet aan de orde zijn gekomen in een gesprek en wel van belang blijken.

Voor een gedetailleerder beeld van een toe- of afname van de klachten die horen bij een bepaalde diagnose, zijn diagnosespecifieke meetinstrumenten nodig. Op detailniveau meten en terugkoppelen heeft toegevoegde waarde, omdat zo kleinere veranderingen of veranderingen die specifiek zijn voor de stoornis (zoals intrusies bij een posttraumatische stressstoornis (PTSS)) waargenomen worden. Enerzijds is dat belangrijk om te weten of de behandeling aanslaat en op welke aspecten, anderzijds werkt het motiverend en stimulerend voor zowel hulpverlener als cliënt. Mogelijk is op een bepaald moment in de behandeling de meer algemene opbrengst van de behandeling zoals vastgesteld door een generieke vragenlijst (nog) niet waarneembaar, maar zijn er al wel veranderingen te zien als het gaat om de specifieke kenmerken van een diagnose.

Het voert te ver om in dit boek in te gaan op diagnosespecifieke instrumenten. Het zijn er te veel om een kwalitatief goed en uitputtend overzicht te geven. In de meeste multidisciplinaire richtlijnen staan geschikte instrumenten opgesomd, evenals in de binnenkort beschikbare zorgstandaarden. Daarnaast is er een aantal kennisinstituten, tijdschriften en verenigingen die overzichten en kwaliteitsoordelen van meetinstrumenten beschikbaar stellen. Voorbeelden zijn: de Commissie Testaangelegenheden Nederland (COTAN) van het NIP[2], de Instrumentendatabase van het Expertisecentrum Forensische Psychiatrie (EFP)[3], het meetinstrumentenoverzicht van het Tijdschrift voor Psychiatrie[4] en de factsheets van SBG[5].

2 ▶ https://www.psynip.nl/actueel/themas/thema/psychologische-tests-cotan/
3 ▶ https://www.efp.nl/actueel/instrumentendatabase
4 ▶ http://www.tijdschriftvoorpsychiatrie.nl/measuringinstruments
5 ▶ https://www.sbggz.nl/MDS?contentitem=706c647f-1aa4-4cc0-a5e2-a4621a2fdc07

6.5 Het kiezen van het juiste meetinstrument

Een open deur maar waar: het allerbelangrijkste criterium voor het kiezen van het juiste meetinstrument is dat het meet wat het moet meten. Daarnaast moet een instrument meten op een betrouwbare manier, en als je uitkomsten wilt vergelijken met anderen, moeten de gebruikte instrumenten een gelijke gevoeligheid voor verandering hebben. Dat laatste is niet altijd het geval, en dat is een van redenen dat SBG een beperking heeft aangebracht in de instrumenten waarvan de resultaten ten behoeve van benchmarking kunnen worden aangeleverd (Blankers et al. 2016; Beurs et al. 2012).

Bij het kiezen voor een instrument moet je goed voor ogen houden wat het gebruiksdoel is. Een goede validiteit en betrouwbaarheid is altijd belangrijk, maar de instrumenten die in dit boek worden genoemd, scoren geen van alle slecht op dat gebied. Wél kunnen instrumenten ongeschikt zijn voor hetgeen je wilt meten (dan zijn ze dus niet valide voor dat doel) of onbetrouwbaar zijn, omdat ze slordig of ongetraind gebruikt worden. Dit laatste geldt voor beoordelingsinstrumenten als de HoNOS. De resultaten hiervan worden onbetrouwbaar als beoordelaars niet of te lang geleden getraind zijn.

Enerzijds is een meting dus zo goed als het instrument voor een bepaald doel is, anderzijds kan de gedetailleerde beschrijving van een instrument ten onrechte het beeld geven dat alles daarvan afhangt. Dat is niet zo. Michael Lambert, de ontwikkelaar van het meest onderzochte ROM-instrument (de OQ-45), geeft aan dat verbeteringen in uitkomsten ook bewerkstelligd kunnen worden met andere instrumenten dan de zijne, als er maar een aantal richtlijnen wordt gevolgd (Lambert 2010a):

a) gebruik een korte meting die betrouwbaar en valide is;
b) doe veelvuldig metingen gedurende de behandeling;
c) gebruik valide cut-offscores om betrouwbare verandering en normaal functioneren vast te stellen;
d) pas een 'actuariële' methode toe om een dreigende treatment failure te voorspellen;
e) geef tijdige (door de computer ondersteunde) feedback aan hulpverleners en misschien cliënten;
f) zet clinical support tools in om hulpverleners te stimuleren om actie te ondernemen bij cliënten die niet positief reageren op de behandeling;
g) zorg voor samenwerking met en ondersteuning van leidinggevenden.

Zoals je ziet gaan geen van deze richtlijnen over het instrument zelf. Ze gaan over de randvoorwaarden voor ROM. Als die op orde zijn, dan is de keuze voor het instrument nagenoeg arbitrair. Daarom willen we er ook voor pleiten om ROM geen instrument te noemen, of te spreken over 'de ROM', maar om ROM te beschouwen als een proces. Dat proces moet op orde zijn, en daarna kunnen er instrumenten ingehangen worden. Die móéten natuurlijk valide en betrouwbaar zijn voor hetgeen ze moeten meten. Als ze dat niet blijken te zijn, moeten ze vervangen worden door andere instrumenten, maar ROM als proces verandert er niet door.

Onder punt d) in de richtlijnen hierboven wordt de actuariële methode genoemd. Wat is dat nu eigenlijk? Het vaststellen van kenmerken (zoals behandeluitkomst) van een cliënt kan gezien worden als een continuüm, waarbij de klinische blik aan het ene eind staat en de actuariële methode aan het andere. Daar waar de klinische blik gebruikmaakt van de wat 'zachtere' factoren als vakkennis, ervaring en intuïtie, behelst een actuariële methode een puur kwantitatieve vaststelling van factoren, die via een vaststaand algoritme leidt tot een indeling in een oordeel of een categorie. De term wordt ook veel gebruikt in de forensische setting, waarbij recidiverisico moet worden ingeschat. De optimale methode is het zogenaamde Gestructureerde Professionele Oordeel (GPO), dat de integratie behelst van de actuariële benadering en de klinische blik. Bij het GPO wordt een checklist met factoren langsgelopen waarvan in wetenschappelijk onderzoek is aangetoond dat ze samenhangen met een verhoogd risico op geweld, waarbij de beoordelaar bepaalde factoren zwaarder kan laten wegen dan andere om tot een inschatting van het risico te komen (Ruiter 2010). Eenzelfde benadering – het combineren van een actuariële methode met factoren als inschatting en voorkeuren – wordt toegepast in de verslavingszorg. Daar is voor de toewijzing van cliënten aan zorgniveaus bij de meeste aanbieders een indicatiestellings- en toewijzingsprotocol in gebruik, inclusief een algoritme (Wildt et al. 2002). Dit protocol past triage toe op basis van vier indicatoren, te weten *eerder genoten behandelingen, verslavingsernst, ernst van (comorbide)psychopathologie* en *de mate van sociale (des)integratie*, tot een suggestie voor een niveau van zorg. De zorgniveausuggestie resulteert, samen met de inschatting van de hulpverlener en de voorkeuren en wensen van de cliënt, in een zorgtoewijzing.

Een actuariële methode in het kader van ROM betreft het inzetten van scores op vragenlijsten om via een algoritme tot een signaal voor treatment failure te komen. Dat betekent dat de scores of de verandering tussen twee metingen alleen het signaal afgeeft. Dat kan op basis van norm- of cut-offscores, al dan niet verkregen via de eerder besproken rationele of empirische methode (Lambert et al. 2002). Welke acties er vervolgens ondernomen moeten worden, wordt bepaald in het gesprek met de cliënt. Dat laatste kan gezien worden als gebruikmaken van het klinisch oordeel en de stem van de cliënt.

Onder punt f) in de richtlijnen wordt geadviseerd om clinical support tools (CST) in te zetten. De afgelopen vijftien jaar is gewerkt aan de ontwikkeling van zogenaamde 'clinical support tools', waarbij op basis van algoritmes over voorspelde behandelvoortgang en werkelijke voortgang extra informatie aan de cliënt wordt gevraagd over aspecten die samenhangen met de behandeluitkomst. Informatie over die aspecten zou aanwijzingen kunnen geven over welke processen goed en welke minder goed verlopen in de behandeling.

Het bekendste en meest onderzochte systeem is dat van Lambert, die in combinatie met de OQ-45 werkte aan een vragenlijst die afgenomen wordt bij zogenoemde 'signal-alarm cases'. Dat zijn cliënten wiens behandelvoortgang (zoals vastgesteld met de OQ-45) niet de voorspelde vooruitgang te zien geeft. De vragenlijst (Assessment for Signal Clients, ASC) stelt in veertig vragen vast hoe de cliënt denkt over de therapeutische relatie, de sociale steun die ze in hun netwerk hebben, hun motivatie voor behandeling en de aanwezigheid van belangrijke levensgebeurtenissen. De scores op de ASC geven input voor de 'Clinical Support Tools'-beslisboom, waarmee het besluitvormingsproces verder wordt ondersteund (Whipple en Lambert 2011). Het gebruiken van deze tools resulteert in een verdere toename van behandeleffectiviteit: daar waar het percentage cliënten dat zonder ROM en feedback verbetert net boven de twintig procent uitkomt, geldt verbetering voor 45 % van de cliënten die feedback krijgen en voor 52 % van de cliënten wiens hulpverleners ook nog eens gebruikmaken van CST. Het percentage cliënten dat achteruitgaat blijft met CST beperkt tot nog geen zes procent, tegen twintig procent zonder ROM en feedback (Whipple en Lambert 2011).

Meetinstrumenten afnemen

7.1 Papieren vragenlijsten – 62

7.2 ROM-software – 63

7.3 Kosten – 64

7.4 De juiste uitkomsten verzamelen: training – 65

7.5 Uitkomsten op geaggregeerd niveau – 65

© Bohn Stafleu van Loghum, onderdeel van Springer Media B.V. 2018
S. Oudejans en M. Spits, *Snel succes met ROM*, DOI 10.1007/978-90-368-1726-4_7

7.1 Papieren vragenlijsten

De tijd van vragenlijsten invullen op papier lijkt voorbij. Ze worden tegenwoordig meestal ingevuld achter de computer, en via een internetverbinding komen de uitkomsten in een database terecht. Soms zul je echter ook wel te maken hebben met cliënten die zich niet op hun gemak voelen achter de computer of om persoonlijke vragen via een internetverbinding te beantwoorden. Soms is de situatie er gewoon niet naar en is het veel handiger om een cliënt de vragenlijst mee te geven naar huis of naar de wachtkamer, zodat die rustig de tijd voor het invullen kan nemen.

De meeste vragenlijsten zijn daarom ook (nog) gewoon beschikbaar op papier. Deze vind je doorgaans in de handleiding of het begeleidende materiaal bij de eventuele licentie (Carlier n.d.; Beurs 2011b; Jong et al. 2009). Een ingevulde vragenlijst op papier betekent dat je een extra handeling moet verrichten om de score(s) te berekenen. Sommige ontwikkelaars hebben het gebruikers vrij makkelijk en overzichtelijk gemaakt door sjablonen mee te leveren of de vragenlijst zo vorm te geven dat het alleen maar een kwestie is van een paar getalletjes optellen om de totaalscore en de individuele schaalscores te berekenen. Een voorbeeld is de papieren versie van de OQ-45: die is voorzien van een extra kolom ten behoeve van de scoring, waarbij de items van de afzonderlijke schalen zo staan gemarkeerd dat er weinig mis kan gaan. De zogenaamde 'kritische items' en de 'contra-indicatieve items' (items die in een afwijkende richting zijn gesteld en omgescoord moeten worden) van deze vragenlijst zijn ook nog eens visueel afwijkend omlijnd, zodat het met één oogopslag helder is om welke items dat gaat (Jong et al. 2009). De BSI heeft een vergelijkbare vormgeving, met dit verschil dat de cliënt niet ziet welke items bij welke schalen horen. Een carbonpapier kopieert de antwoorden op een onderliggend blad waar achter elk item staat bij welke schaal dit hoort. Onder aan het blad is ruimte voor het optellen, en daar kan worden aangegeven hoeveel items er in totaal beantwoord zijn. Op de achterkant van de papieren versie is tevens ruimte om de scores te vergelijken met eventueel eerder afgenomen BSI-scores (Beurs 2011b). De DASS (Depression, Anxiety and Stress Scales) kent een sjabloon dat boven op de ingevulde papieren versie gelegd kan worden, waardoor scoring relatief makkelijk kan plaatsvinden (Beurs et al. 2001).

Een ander voorbeeld van ROMmen op papier vindt plaats in de verslavingszorg. In de protocollen van de daar in gebruik zijnde cognitief-gedragstherapeutische behandelingen is het bijhouden én bespreken van middelengebruik een belangrijk onderwerp in *elke* behandelsessie. Het is beperkt tot het meetdomein middelengebruik, wordt op relatief grofmazige wijze uitgevraagd[1] en vindt plaats op papier of de cliënt houdt zelf een dagboek bij. Dit is een voorbeeld van structureel en frequent meten, terugkoppelen en bespreken ten behoeve van het bijstellen van de behandeling. ROM in optima forma dus, maar wel op een *low-tech* manier.

Maar op een gegeven moment doe je er toch goed aan om achter de computer te gaan zitten. De eerste reden betreft het digitaliseren van uitkomsten in speciaal

---

1 Op het registratieformulier dat hierbij gebruikt wordt, dienen de externe situatie, de interne situatie (gedachten, gevoel en sensaties) en het gedrag (in termen van gebruik) vastgelegd te worden: 'Vraag de cliënt om komende week zijn gebruik te registreren en de situaties waarin gebruikt is aan de hand van de registratie te beschrijven.'

daarvoor ontwikkelde ROM-software. Die software biedt geavanceerde instantmogelijkheden voor een verfijndere terugkoppeling met betrekking tot beloop, normering of prognoses. Door die snelle en gedetailleerde feedback kun je nog beter profiteren van ROM. De tweede reden waarom je de computer niet helemaal kunt vermijden, is van praktische aard. Als je de gegevens die je op papier hebt verzameld, ook aanlevert ten behoeve van de landelijke benchmark, zul je ze moeten digitaliseren. Die aanlevering geschiedt namelijk volledig digitaal, en je wordt geacht dit te doen via daarvoor geschikte software. Dat is speciale daarvoor ontwikkelde ROM-software of via EPD-software (elektronisch patiëntendossier) die beschikken over modules waarmee vragenlijsten kunnen worden afgenomen of waarin scores kunnen worden ingevoerd.

7.2 ROM-software

Vanwege bovenstaande verplichting beschikken de meeste organisaties, praktijken en vrijgevestigden over ROM-software of over EPD's met geïntegreerde ROM-modules. ROM-software of -modules zijn (meestal webbased) applicaties die het uitnodigen, versturen, herinneren, scoren en terugkoppelen van vragenlijsten volledig kunnen automatiseren. Er kan een koppeling met het EPD gemaakt worden, zodat de scores op de vragenlijst direct vanuit het EPD toegankelijk zijn. Dat betekent dat het voor de gebruiker niet echt opvalt dat er twee applicaties bij betrokken zijn. Het is gewoon helemaal geïntegreerd en ziet er uit als één omgeving – wel zo prettig.

Deze software ondersteunt enerzijds de praktische kant van het afnemen van vragenlijsten: het is mogelijk om vooraf in te plannen wanneer de cliënt een uitnodiging voor het invullen van een vragenlijst moet krijgen, en als het invullen achterwege blijft, kunnen er automatische herinneringen worden verstuurd. Teksten bij de uitnodiging en bij introductie van de vragenlijsten zijn ook te personaliseren, net zoals de afzender die de cliënt te zien krijgt als die de uitnodiging voor de vragenlijst per e-mail krijgt. Bovendien kun je als hulpverlener op de hoogte gesteld worden als de cliënt de vragenlijst heeft ingevuld. Er staat dan een feedbackrapport klaar, veelal met schaal- en totaalscores, weergegeven in getallen en grafieken. In veel gevallen kan dit feedbackrapport ook, in pdf-formaat, naar de cliënt verstuurd worden. Veel hulpverleners kiezen ervoor dit niet te doen, omdat ze de toelichting op de scores en het gesprek daarover belangrijker vinden dan de concrete scores *an sich*. De software kent in een aantal gevallen ook uitgebreide mogelijkheden om het feedbackrapport naar eigen smaak en behoefte in te richten en vorm te geven. Zo kun je variëren in de meetmomenten die weergegeven worden en aangeven of je waarschuwingen wilt krijgen bij bepaalde scores op bepaalde items. Een aantal opties is beschikbaar bij elke leverancier, en daarnaast zijn er opties waarin leveranciers van elkaar verschillen. Verkoopmedewerkers zullen het je graag laten zien. Tevens bieden veel leveranciers trainings- en kennissessies aan, vaak gericht op de gebruiksmogelijkheden van de software, maar ze organiseren ook regelmatig meer inhoudelijk georiënteerde bijeenkomsten voor klanten én niet-klanten. Achter in dit boek is een lijst met ROM-leveranciers opgenomen.

Vrijwel alle ROM-leveranciers hebben de gangbaarste vragenlijsten in hun software opgenomen, en eventuele licenties kunnen dan ook via hen afgesloten worden. Daarnaast beschikken vele ROM-leveranciers over een open systeem.

Dat betekent dat er in principe elke gewenste vragenlijst in opgenomen kan worden. Het inbouwen en opnemen van een vragenlijst in de gebruiksomgeving vereist wel enige kennis van de wijze waarop geprogrammeerd moet worden in die software. In grote organisaties is die taak meestal in handen van een functioneel beheerder, die meestal door de leverancier is opgeleid en ondersteund wordt. Tevens beschikt een aantal pakketten over een zogenaamde 'testbibliotheek'. Dat is een omgeving waarin vragenlijsten zijn ingebouwd, die gekopieerd – en eventueel aangepast – kunnen worden naar de gebruiksomgeving van de organisatie of praktijk.

De praktische automatisering is handig, maar op inhoudelijk niveau biedt ROM-software zeker ook toegevoegde waarde. Ten eerste is dat natuurlijk in de vorm van de direct beschikbare feedbackrapportages – snelle beloning werkt tenslotte bekrachtigend en positief. Ten tweede kent de meeste software een aantal algoritmes waarmee direct een interpretatie van de berekende scores kan worden gegeven. De scores van de cliënt worden dan gerelateerd aan beschikbare norm- of cut-offscores, waarmee de ernst van de klachten geduid worden. Deze normen zijn opgenomen in de grafieken met scores en kunnen worden voorzien van teksten (bijvoorbeeld: De score op de subschaal Symptomatische Distress van de OQ-45 is vergeleken met ambulante mannelijke cliënten 'bovengemiddeld' en 'zeer hoog' in vergelijking met mannen uit de gewone bevolking). De meeste softwarepakketten zijn in staat deze informatie interactief te leveren, dat wil zeggen: als de score van een mannelijke cliënt is, wordt er daar waar die beschikbaar zijn, gerefereerd aan normen en cut-offs voor mannen. Op dezelfde manier kan informatie over betrouwbare en klinische verandering ten opzichte van eerdere meetmomenten (grafisch) worden weergegeven. Al met al geven dergelijke rapportages een toegankelijke blik op de behandelvoortgang, en wel op zo'n manier dat de hulpverlener een en ander snel kan begrijpen en ook op een toegankelijke, visuele manier met de cliënt kan bespreken. Voor dat laatste zijn de grafische weergavemogelijkheden een echte aanwinst.

7.3 Kosten

Zowel het gebruik van vragenlijsten als ROM-software is niet kosteloos. Voor een aantal vragenlijsten is dat wel het geval – zo zijn bijvoorbeeld de HoNOS, de MATE en de SQ-48 kosteloos te gebruiken –, maar vaak is er een testuitgever aan verbonden die abonnementen of licenties verkoopt voor het gebruik van het instrument. Voorbeelden zijn de OQ-45, de BSI en de CBCL. Voor het gebruik van die vragenlijsten kunnen licenties direct bij de testuitgever afgesloten worden, maar in veel gevallen is de betaling geregeld via de leverancier van de ROM-software. In veel gevallen worden die kosten per cliënt per jaar berekend (waarbij het niet uitmaakt hoe vaak de lijst wordt afgenomen binnen dat jaar); andere structuren tellen het aantal afnames of werken in staffels.

Aanbieders van ROM-software werken doorgaans met abonnementsstructuren, waarbij het aantal cliënten bepalend is voor de hoogte van de kosten. Voor kosten voor maatwerk of extra ondersteuning worden extra kosten in rekening gebracht, vaak op uurtarief of via een strippenkaartsysteem. Sommige leveranciers hebben het gebruik van een aantal betaalde vragenlijsten verwerkt in hun abonnementsstructuur, anderen brengen boven op de abonnementskosten kosten in rekening voor het gebruik van die vragenlijsten.

7.4 De juiste uitkomsten verzamelen: training

Voor het verzamelen van valide en betrouwbare uitkomsten is training soms noodzakelijk. Over het algemeen is er voor zelfrapportagelijsten geen training nodig, hoewel het geven van een goede introductie over het waarom en hoe van die betreffende vragenlijst natuurlijk een heel belangrijke randvoorwaarde is. Cliënten dienen wel met de juiste achtergrondinformatie een vragenlijst in te vullen. Ook is het bij zelfrapportagevragenlijsten van belang dat een cliënt inderdaad zélf de vragenlijst invult en niet samen met iemand anders of met de hulpverlener. Voor terugkoppelen heeft training wél toegevoegde waarde. Hier gaan we in ▶H. 8 en ▶H. 11 verder op in.

Training is vooral aan de orde bij observatie- of beoordelingslijsten, zoals de HoNOS en de MATE of een instrument als de STiP-5 (Semi-gestructureerd Interview voor Persoonlijkheidsfunctioneren DSM-5) (Hutsebaut et al. 2015), maar ook voor risicotaxatie-instrumenten is training nodig. Daarvoor is een juiste inschatting van het risico extra van belang vanwege de beslissingen die het tot gevolg kan hebben. Voor de validiteit van dergelijke instrumenten is het bijvoorbeeld van belang dat beoordelaars de concepten die aan de orde komen kennen, en voor de betrouwbaarheid is het van belang dat beoordelaars die concepten op dezelfde wijze wegen als ze tot hun oordeel komen. Met uitzondering van de forensische psychiatrie, waar de risicotaxatie-instrumenten worden afgenomen, wijst de praktijk uit dat training niet altijd plaatsvindt, of niet vaak genoeg. Met name voor de HoNOS is bekend dat regelmatige training vereist is om de kwaliteit van de afname te waarborgen (Mulder et al. 2004), en voor afname van de MATE is overeenstemming over de zogenaamde 'ankerpunten' – als het gaat om de vaststelling van participatie en functioneren – van belang (Schippers en Broekman 2014). Gezien de kosten en de inspanningen die de planning voor trainingen vergt, is het begrijpelijk dat dit niet altijd lukt, maar het heeft wel serieuze nadelige gevolgen voor de kwaliteit van ROM en van benchmarken.

7.5 Uitkomsten op geaggregeerd niveau

Het softwareaanbod voor het verzamelen, samenvoegen en terugkoppelen van uitkomsten op geaggregeerd niveau is schraler. BRaM, de rapportagemodule van SBG, toont uitkomsten op geaggregeerd niveau van de eigen instelling in vergelijking tot het landelijk gemiddelde. Ook kunnen grotere instellingen op locatieniveau vergelijken. Veel gegevens hoeven niet aangeleverd te worden aan SBG – zoals de hoeveelheid zorg, de kosten en de cliënttevredenheid –, waardoor die logischerwijs ook niet zichtbaar zijn. Ook is het niet mogelijk om op behandelaarsniveau geaggregeerde gegevens te bekijken of je eigen cliëntenlast te zien. ROM-softwarepakketten zouden dit mogelijk kunnen – helemaal als ze verbonden zijn aan het EPD systeem –, maar bieden dat (nog) niet aan. Hoewel er een aantal partijen is dat dit in de toekomst zeker wil gaan aanbieden.

Tot op heden wordt het verzamelen van uitkomsten op geaggregeerd niveau binnen grotere organisaties meestal opgepakt en uitgevoerd door afdelingen informatievoorziening, meestal ondersteund door de onderzoeksafdeling. Een aantal ggz-aanbieders heeft inmiddels ervaring opgedaan met het onttrekken van gegevens en resultaten uit meerdere bronnen. In zelf ontwikkelde datawarehouses combineren zij uitkomsten met gegevens over locatie, behandelduur, clienttevredenheid en kosten. Daarmee kunnen zij terugkoppelen over geaggregeerde gegevens, die ook nog eens verrijkt zijn met procesindicatoren (Groot et al. 2017).

Hoewel de statistische analyses en berekeningen ten behoeve van het terugkoppelen van geaggregeerde uitkomsten over het algemeen niet erg ingewikkeld en geavanceerd hoeven te zijn, gaat het ontwikkelen van dergelijke systemen gepaard met forse investeringen, zowel in tijd als middelen. Dat waren onze eigen ervaringen in het project Benchmark Leefstijltraining Verslavingszorg (Oudejans en Schippers 2006) in een tijd dat ICT-voorzieningen binnen ggz-instellingen minder geavanceerd waren, maar we weten dat dit ook voor andere projecten uit die tijd speelde, zoals de Benchmark Intramurale Motivatie Centra en MEMO (Veerbeek et al. 2011; Verbrugge et al. 2005). Maar ook nu de huidige technologieën en beschikbare kennis het ontsluiten van data makkelijker maken, is de ervaring dat een druk op de knop of een paar gestolen uurtjes verre van afdoende zijn (Groot et al. 2017; Oudejans en Spits 2017; Bosch et al. 2016). Het vergt gedetailleerde kennis van meetinstrumenten, zorgadministratie, behandeltrajecten, kosten, statistiek en de specifieke kenmerken van de organisatie en haar behandelaanbod. Vervolgens vergt het samenstellen van een aantrekkelijke en begrijpelijke terugkoppeling kennis van en feeling voor de presentatie van cijfers en enige aansluiting op de werkvloer, in kennis én taal. Onze ervaring is dat dit ingewikkelde, maar leuke trajecten zijn, waarbij geduld, creativiteit en nieuwsgierigheid van zowel diegene die terugkoppelingen samenstellen en geven (niet zelden beleidsmedewerkers of onderzoekers), als de ontvangende partijen (zoals teamleiders, teams of andere organisatieonderdelen) zeer bevorderlijk zijn (Oudejans et al. 2009).

Randvoorwaarden

8.1 Introduceren van ROM – 68

8.2 Gespreksvaardigheden – 71

8.3 Van getal naar tekst – 72

8.4 Doorgaan, stoppen of veranderen: uitkomsten bespreken in het team – 73

© Bohn Stafleu van Loghum, onderdeel van Springer Media B.V. 2018
S. Oudejans en M. Spits, *Snel succes met ROM*, DOI 10.1007/978-90-368-1726-4_8

8.1 Introduceren van ROM

Om aan de slag te gaan met het introduceren van ROM, is het prettig om informatie voorhanden te hebben. Daartoe staat in het kader hieronder een samenvatting van het waarom en waarvoor van ROM, samen met de procedure en informatie over privacy[1]. Als je deze informatie paraat hebt, is het niet moeilijk om een cliënt uit te leggen wat ROM is en waar het voor dient. Elk onderwerp in het kader wordt afgesloten met een voorbeeldtekst.

> **Kader: Samenvatting informatie introductie ROM**
> - Waarom een vragenlijst?
>   Gestructureerde, kwantitatieve gegevens (resultaten uit vragenlijsten) zijn een belangrijke en onmisbare aanvulling op de klinische blik. Het is bekend dat hulpverleners soms behandelresultaten overschatten of belangrijke onderwerpen missen. Resultaten uit vragenlijsten ondervangen dat. Ze geven ook de cliënt de mogelijkheid zaken te agenderen, omdat er onderwerpen op tafel liggen die voor de cliënt van belang kunnen zijn.
>
>   *Voorbeeldtekst:*
>   'Hoe weten we nu of de behandeling werkt? Dat merken we natuurlijk tijdens de behandeling, door hoe het gaat en wat u mij vertelt. Maar het is belangrijk dat dit beeld volledig is, dat we niks missen. Daarom krijgt u de komende tijd een aantal keren een vragenlijst toegestuurd. Daarmee meten we tussentijds de resultaten, en daarna bespreken we deze samen. We noemen dat ROM: Routine Outcome Monitoring. Misschien hebt u er al iets over gehoord of het gezien op onze website of in de intakebrief?'
> - Waarvoor gebruiken we de gegevens?
>   De resultaten uit de vragenlijst worden gebruikt om de klachten zo goed en volledig mogelijk te inventariseren, om te kijken hoe de behandeling vordert, of dit naar de mening van de cliënt en de hulpverlener voldoende is, en of er aanleiding is voor actie, verandering of beëindiging van de behandeling. Tevens worden scores op de vragenlijsten binnen veel organisaties gebruikt voor onderzoek en kwaliteitsbeleid, en scores van de begin- en eindmetingen (per DBC) worden verstuurd naar de Stichting Benchmark GGZ. Dit is de partij die de resultaten van de behandeling verzameld ten behoeve van vergelijking op landelijk niveau en die deze gegevens beschikbaar stelt aan de financier, de zorgverzekeraar.

---

1 Momenteel is er nogal wat gaande over de wetgeving omtrent de privacy van persoonsgegevens in het kader van de gegevens voor benchmarken met ROM. Om die reden dient informatie hierover altijd nagezocht en up to date gehouden te worden.

Voorbeeldtekst:
'Met de resultaten uit vragenlijst zien we nog beter hoe het met u gaat en missen we niets. Binnen de instelling doen we er ook onderzoek mee, en bovendien worden de begin- en eindmetingen anoniem verstuurd naar een landelijke database met daarin behandelresultaten van alle Nederlandse ggz- instellingen. Daar kunnen wij van leren, maar ook krijgen verzekeraars en toekomstige cliënten zo inzicht in de resultaten van de zorg. Zij kunnen dat gebruiken om zo goed mogelijk zorg voor hun klanten (u dus) in te kopen. Door een vragenlijst in te vullen helpt u dus ons, de verzekeraar en toekomstige cliënten.'

- Wat is de procedure?

Tijdens de behandeling wordt de cliënt elke periode [sessie/week/maand/andere periode] gevraagd om een vragenlijst in te vullen. Dat hoeft niet elke keer dezelfde set vragenlijsten te zijn; het kan variëren al naar gelang het zorgprogramma en het tijdstip binnen de behandeling. Invullen duurt in de meeste gevallen tussen de tien en de dertig minuten, afhankelijk van iemands taalvaardigheden (en de hoeveelheid vragen en vragenlijsten). In de sessie die volgt op het invullen van de lijsten worden de resultaten besproken en worden er gezamenlijk besluiten genomen. Sommige aanbieders sturen (enige tijd) na afsluiting van de behandeling een laatste meting. Daarmee wordt het eindresultaat van de behandeling vastgesteld. Meestal is er daarna geen contact meer, hoewel sommige aanbieders de regel hebben om opnieuw contact op te nemen als de scores daar aanleiding toe geven.

In de meeste gevallen is er ROM-software of een EPD beschikbaar die het versturen van, herinneren aan en invullen van vragenlijsten ondersteunt. Als de cliënt de vragenlijsten thuis dient in te vullen, dan is het belangrijk dat je het juiste e-mailadres hebt en dat de cliënt weet dat hij/zij deze gaat ontvangen, van welke afzender en met welk onderwerp. Ook moet deze niet in de spambox terechtkomen (dat gebeurt soms als het e-mailadres niet bekend is bij de ontvanger).

Als het de bedoeling is dat de cliënt bij jou op locatie de lijsten invult, dan is het van belang dat die op tijd is en weet waar die moet zijn en of er begeleiding is. Daarnaast is het van belang dat het cliënten duidelijk is dat ze de vragenlijst alleen moeten invullen. Als het ouders zijn die wat over hun kind invullen, geef dan aan wie dat moet doen en op welke manier (samen, of juist niet). Dit staat vaak ook in de inleidende tekst, maar die wordt niet altijd goed gelezen.

Voorbeeldtekst:
'Telkens als het tijd is voor het invullen van een vragenlijst, krijgt u daarvoor een uitnodiging per e-mail. Via de mail gaat u naar de vragenlijsten. Invullen duurt niet lang, maximaal een half uurtje voor de meeste cliënten. Het is misschien overbodig om te zeggen, maar als u de vragenlijsten invult, is het belangrijk dat u dit alleen doet. Het gaat om hoe ú zich voelt, en er zijn geen goede of foute antwoorden. Tijdens de eerstkomende sessie na het invullen bespreken we samen de resultaten.'

- Wie heeft inzage in de resultaten?
Binnen de eigen organisatie hebben alle medewerkers die daarvoor geautoriseerd zijn toegang tot de persoonlijke en medische gegevens van cliënten. Vaak zijn dat secretariaten, betrokken hulpverleners, functioneel beheerders en ICT-medewerkers. Onderzoekers hebben vaak maar gedeeltelijke (bijvoorbeeld alleen de scores op de vragenlijsten en niet de rest van de medische gegevens) of alleen anonieme toegang.
Alle medewerkers van ggz-aanbieders zijn gebonden aan geheimhouding, en hulpverleners daarnaast ook nog aan een beroepsgeheim. De gegevens worden naar SBG verstuurd met een zogenaamde pseudo-BSN-versleuteling. Dat betekent dat het nummer tweemaal omgecodeerd is, waardoor men bij SBG nooit weet van wie de gegevens afkomstig zijn. De zogenaamde oplossing van de sleutel (de manier van omcoderen) ligt bij de instelling zelf en bij een derde partij (ZorgTTP). Alleen met die combinatie kunnen de gegevens weer herleid worden tot de betreffende cliënt. Zorgverzekeraars hebben allen inzage in de geaggregeerde gegevens via SBG, alleen op instellingsniveau.

Voorbeeldtekst:
'Al uw gegevens worden vertrouwelijk behandeld. Dat betekent dat alle computers beveiligd zijn en dat iedereen die hier werkt gebonden is aan geheimhouding, van secretaresse en hulpverlener tot aan de directeur. Alleen ik en alle bij uw behandeling betrokken hulpverleners en overige personeelsleden kunnen uw persoonlijke en medische gegevens inzien. Soms geldt dat ook voor een ICT-medewerker als dat noodzakelijk is. De gegevens die naar de landelijke database worden verstuurd zijn anoniem, dat betekent dat uw naam en adresgegevens er niet aan gekoppeld zijn, zodat niemand weet dat ze van u zijn. Dat gebeurt ook zo als de afdeling onderzoek berekeningen doet met gegevens van cliënten: dan wordt uw naam en dergelijke er als het ware 'afgeknipt', zodat alle gegevens anoniem zijn.'

De voorbeeldteksten hierboven zijn vrij lang, omdat ze alle informatie bevatten. Het is belangrijk dergelijke informatie qua toon, woordgebruik en hoeveelheid af te stemmen op de behoefte en het kennisniveau van de cliënt. Het is meestal niet gepast om alles in één keer te vertellen, en sommige cliënten hebben meer vragen dan andere. Amerikaanse onderzoekers hebben een lijst met aanbevelingen opgesteld die cliëntparticipatie kunnen bevorderen (Blumenthal-Barby 2017). Veel daarvan zijn heel relevant voor ROM en de daarbij behorende besluitvorming. Dit kader hieronder geeft daar handreikingen voor.

> **Kader: aanbevelingen voor cliëntparticipatie in ROM**
> ROM past bij de toegenomen aandacht voor cliëntparticipatie. Niet elke cliënt kan en wil in dezelfde mate betrokken worden. Dat kan afhangen van een aantal individuele factoren, zoals opleidingsniveau, geletterdheid en kennis van de zorg, en van een aantal contextuele factoren, zoals de hoeveelheid beschikbare tijd, de timing van de besluitvorming en de beschikbaarheid van gegevens. Amerikaanse onderzoekers hebben een lijst met aanbevelingen opgesteld die cliëntparticipatie kunnen bevorderen, waarvan de volgende relevant zijn voor ROM:
> - Vraag de cliënt wat die al weet over en begrijpt van het invullen van vragenlijsten en het bespreken daarvan in de behandeling.
> - Moedig cliënten aan om aan te geven wat ze belangrijk vinden in het leven en stel daar vragen over.
> - Sluit aan bij de geletterdheid en taalvaardigheid van de cliënt. Bespreek de schalen uit de vragenlijst in termen die betekenisvol voor de cliënt zijn.
> - Maak voldoende tijd en neem voldoende ruimte om te reflecteren op de informatie die de cliënt heeft gekregen. Zo kunnen de ROM-resultaten mogelijk ook dienen om gezamenlijk de onderwerpen te bepalen.

8.2 Gespreksvaardigheden

Voor het terugkoppelen van uitkomsten zijn de algemene principes uit de gespreksvoering van toepassing. Een veelgebruikt model is het 'oplossingsgerichte feedbackgesprek' (Groot et al. 2017; Metz et al. 2015), waarin vier stappen worden doorlopen: herkennen (zijn de uitkomsten te plaatsen?), begrijpen (kunnen we de uitkomsten verklaren?), waarderen (zijn ze goed genoeg?) en handelen (zijn er verbeteracties nodig?). Dit model geeft de volgorde van bespreking aan, maar geeft nog weinig handvatten voor hoe de behandeluitkomsten kunnen worden aangewend om de cliënt daadwerkelijk te helpen bij gedragsverandering. De meest onderzochte en effectiefste aanpak voor gedragsverandering is de motiverende gespreksvoering (MGV), die gericht is op het specifiek ontlokken van 'verandertaal' (Brown en Miller 1993; Miller en Wilbourne 2002; Smedslund et al. 2011). Uit effectonderzoek naar MGV blijkt dat juist dít een voorspeller is van verandering (Baron et al. 2015). Tevens is zij eerder ingezet in feedbackgerichte interventies, waardoor zij heel goed bij ROM past (Miller et al. 2014). Daarom bevat ▶H. 11 uitgewerkte achtergrondinformatie, handreikingen en een protocol voor het terugkoppelen van ROM-gegevens met gebruikmaking van MGV.

Dat betekent niet dat terugkoppelen van uitkomsten alleen met MGV kan. De oplossingsgerichte gespreksvoering kent veel overeenkomsten met MGV, en een aantal uitgangspunten daaruit (Bannink 2009) kan ook toegepast worden bij de bespreking van ROM-resultaten. Het uitgangspunt dat de professional de cliënt volgt en de sterke kanten en hulpbronnen gebruikt, wordt verstevigd doordat de uitkomsten één van de perspectieven op de sterktes en zwaktes van een cliënt zijn en als dusdanig besproken kunnen worden. Behandeluitkomsten geven ook aanleiding tot het uitlokken van complimenten door competentievragen te stellen, bijvoorbeeld – over onderwerpen op de vragenlijst waarop de cliënt gunstig scoort –: 'Hoe hebt u dat voor elkaar gekregen?' Het inspelen op verandering en uitzonderingen, hoe klein of groot ook, kan tevens aan de hand van ROM-resultaten: een uitzonderlijke score kan een aanwijzing voor een kleine verandering zijn en scorepatronen in zijn algemeenheid kunnen hypothetische oplossingen stimuleren. Als laatste sluit het terugkoppelen van uitkomsten goed aan bij het uitgangspunt dat er vele manieren zijn om naar een situatie te kijken (die alle even juist zijn). Zo kunnen de scores op een vragenlijst, naast andere informatie en wensen van de cliënt, mede gebruikt worden bij het formuleren van de behandeldoelen door de cliënt.

Echter, de bewezen effectiviteit van MGV, de eerder bewezen combinatie met feedback, maakt haar ons inziens de meest aangewezen strategie om in te zetten bij het terugkoppelen van ROM-resultaten. Om die reden gaat ▶H. 11 over het terugkoppelen van uitkomsten met MGV.

8.3 Van getal naar tekst

Hulpverleners zijn over het algemeen niet erg gek op getallen. De meeste studenten klinische psychologie zijn blij als ze na de verplichte vakken de statistiek kunnen laten voor wat die is en worstelen zich er tijdens hun afstudeeronderzoek nog voor een laatste keer doorheen. Op dit moment zit terugkoppeling van ROM-gegevens in geen van de opleidingen tot psycholoog, noch in de opleiding tot gz-psycholoog, noch in de opleidingen tot specialist.

Het is dus geen wonder dat sommige hulpverleners niet goed weten hoe ze scores moeten vertalen in begrijpelijke en aansprekende teksten aan hun cliënten. Kansen, significantie en prognoses: het is ingewikkelde materie. Ook als je het zelf wel helemaal goed begrijpt, laat het zich nog steeds niet makkelijk uitleggen in dagelijkse taal.

De meeste ROM-software biedt daarom ook een 'vertaling' aan van getallen naar tekst: de scores van de schalen worden meestal aan de hand van handleidingen voorzien van een betekenis als 'bovengemiddeld' of 'zeer ernstig' ten opzichte van verschillende normpopulaties. Daarnaast wordt aangegeven of er sprake is van klinische en/of significante verbetering, al dan niet ondersteund met grafische weergaves. Dat betekent dat er weinig rekenwerk van je wordt verwacht en dat je je kunt richten op de gespreksvoering.

Een tweede punt is dat de handleiding van meetinstrumenten de schalen over het algemeen vrij formeel en vol vakjargon uitlegt. Hoe vertaal je dat nou in begrijpelijke taal voor de cliënt? Het vertalen van medisch jargon is voor veel clinici moeilijk, zo blijkt ook in de somatische zorg (Blumenthal-Barby 2017). In onze workshops en trainingen krijgen we er soms ook vragen over: welke termen spreken cliënten aan, hoe kan ik een en ander het best formuleren? Ten eerste is

Tabel 8.1 Schalen en inhoud items OQ-45

schaal	betekenis (handleiding)	onderwerpen items
symptomatische distress	Deze schaal omvat de meest voorkomende intrapsychische symptomen, met name gebaseerd op depressie, angst en misbruik van middelen.	moe, interesseverlies, irritaties, zelfmoordgedachten, ontevreden, waardeloos, angstig, concentratieproblemen, hartkloppingen, last van maag, stress, nerveus, bang voor open ruimten/openbaar vervoer, slaapproblemen, neerslachtig, hoofdpijn, middelengebruik
interpersoonlijke relaties	Deze schaal omvat tevredenheid over en problemen met interpersoonlijke relaties.	tevredenheid, niet goed overweg met anderen, onbevredigd seksleven, problemen met relaties (vriendschap, familie, partner), conflicten, eenzaamheid
sociale rol	Deze schaal omvat het functioneren in de sociale rol, te weten onvermogen, conflicten en stress gerelateerd aan werk/vrije tijd.	onvermogen, ontevredenheid, stress, conflicten gerelateerd aan werk, vrije tijd, niet genieten van vrije tijd, te veel of juist minder werken/studeren

daarvoor een goed overzicht handig van wat de schalen meten en welke onderwerpen in de items staan. Dat vind je in ◘tabellen 8.1, 8.2, 8.3, 8.4 en 8.5. Daarvoor hebben we ons beperkt tot de generieke instrumenten die worden aangemerkt in de MDS voor Volwassenen cure en Volwassenen EPA (de OQ-45, de SQ-48, de BSI en de HoNOS). In het kader daarna hebben we voor een aantal situaties voorbeeldteksten uitgewerkt. In de terugkoppelingsvoorbeelden in ►H. 11 vind je nog meer teksten die je als voorbeeld kunt gebruiken.

8.4 Doorgaan, stoppen of veranderen: uitkomsten bespreken in het team

De aandacht voor het nemen van besluiten ondersteund door ROM-gegevens, betekent dat er opties afgewogen moeten worden. Dat doe je als hulpverlener samen met de cliënt, al dan niet ondersteund door de eerder besproken clinical support tools, maar ook met ondersteuning van en in overleg met je collega's (via peer-review bijvoorbeeld) (Trauer 2010b).

Een voorbeeld daarvan is het 'outtake-team' van HSK (Verbraak et al. 2015; Wolterink). Dat is een team van collega's dat na vijftien afspraken, samen met de hulpverlener, naar het verloop van de behandeling kijkt aan de hand van, onder andere, ROM-resultaten. Er wordt besproken of de behandeling voldoende resultaat oplevert en, mocht dat niet het geval zijn, welke alternatieven dan het meest voor de hand liggen.

Een ander voorbeeld komt uit het buitenland, van een Nieuw-Zeelands team dat werkte met de HoNOS. Zij hanteerden een model waarin de volgende vijf vragen aan de orde kwamen in een teambespreking (Stewart):

1. *Zijn wij (nog) de aangewezen hulpverleners voor deze cliënt?*
   In dit team werd deze vraag gesteld als de cliënt geen scores had van 2 of hoger (dus niet veel problemen ervoor): hoe zouden we dan moeten helpen, zou die hulp niet beter elders verkregen kunnen worden?
2. *Is er overeenstemming over de scores?*
   Deze vraag geldt voor degene die de lijst heeft ingevuld (de HoNOS is een lijst die door de hulpverlener ingevuld dient te worden), samen met de cliënt, maar ook de andere hulpverleners. Het hoeft geen uitgebreide discussie te worden, maar men moet kort aandacht besteden aan deze vraag en als er echt aanwijzingen of commentaar zijn, moet er voor gekozen kunnen worden de scores te wijzigen.
3. *Wat is er veranderd ten opzichte van de voorlaatste scores?*
   Een kleine opsomming van welke items beter en slechter zijn gescoord, en, indien bekend, waarom die zijn veranderd.
4. *Welke zorgen zijn er?*
   Over welke gebieden zijn er zorgen en welke plannen zijn er, of zouden er moeten zijn, om die aan te pakken? Dit team stelde zich bij elk item met een score van 2 de vraag: 'Hebben we een plan nodig om te helpen dit onderwerp aan te pakken?' Bij een score van 3 of 4 was dit geen vraag meer, maar moest er ter plekke een plan ontwikkeld worden, of een persoon en een proces aangewezen worden die dit oppakte.
5. *Wat heeft topprioriteit?*
   Wijs één (of maximaal twee) onderwerp(en) van zorg aan, waarvan je wilt dat deze bij de volgende meting is (zijn) veranderd. Dat hoeft niet per definitie het item met de hoogste score te betreffen. Het kan zijn dat het een voorwaardelijk is voor het ander: dat de huisvestingsomstandigheden (met bijv. score 3) een groot obstakel voor het aanpakken van iemands hallucinaties (die bijv. wel score 4 kunnen hebben). Het ondersteunen bij de verbetering van de huisvesting kan dan topprioriteit worden (waarbij ondersteuning op andere gebieden niet verwaarloosd moet worden).

Tabel 8.2 Schalen en inhoud items BSI

schaal	betekenis (handleiding)	onderwerpen items
angst	De angstschaal omvat de symptomen van de gegeneraliseerde angststoornis en de paniekstoornis.	zenuwachtig, bang, aanvallen van angst/paniek, gespannen, rusteloos
depressie	In deze schaal zijn de verschillende symptomen van depressie opgenomen, zoals suïcidaliteit, negatief affect en anhedonie.	gevoel dat je niets waard bent, hopeloos, somber, gedachten aan zelfmoord, geen zin/interesse, eenzaamheid
interpersoonlijke gevoeligheid	Deze schaal meet de symptomen die typerend zijn voor mensen met sociale angst/sociale fobie, zoals erg verlegen zijn, het gevoel minderwaardig te zijn en angst voor de beoordeling door anderen.	minderwaardig voelen, verlegen bij anderen, snel gekwetst zijn, denken dat anderen je niet leuk vinden
fobische angst	In deze schaal gaat het om gevoelens en gedragingen vanwege angst voor bepaalde situaties. Veel van deze items vallen onder agorafobie.	niet naar drukte durven te gaan, angstig om te reizen/angst voor grote ruimten, plekken of dingen vermijden, nerveus, niet op gemak in menigte
somatische klachten	Het gaat in de schaal somatische klachten om lichamelijke symptomen zoals die kunnen optreden bij somatische aandoeningen, maar ook de lichamelijke verschijnselen die optreden wanneer men erg angstig is.	duizelig, rillen, pijn op borst, gevoelloosheid/tintelingen, benauwd, misselijk, slap
hostiliteit	Deze schaal bestaat uit symptomen die duiden op boosheid of vijandigheid. Het gaat hierbij zowel om gedachten, als gevoelens en gedragingen.	boosheid, ergeren, woede-uitbarsting, neiging tot slaan op, kapot maken, ruzie
cognitieve problemen	Deze schaal meet klachten die voorkomen bij een obsessief-compulsieve stoornis en meer algemeen cognitieve verstoringen, zoals bijvoorbeeld moeite met onthouden en moeite met concentreren.	moeite met concentreren, dingen onthouden, nemen van beslissingen, in de war, jezelf controleren
paranoïde gedachten	Deze schaal omvat gevoelens die opkomen bij overmatige achterdocht, vijandigheid en grootheidswaan. Bij een hoge score moet nadere diagnostiek plaatsvinden.	argwanend, anderen niet vertrouwen, in de gaten gehouden worden, gevoel dat anderen misbruik van je maken
psychoticisme	Deze schaal omvat items die horen bij een teruggetrokken levensstijl die veel voorkomt bij schizofrenie. Bij een hoge score moet nader onderzoek gedaan worden.	eenzaamheid (ook in gezelschap), gevoel dat je niet verbonden bent met anderen, idee dat je gestraft moet worden, gevoel dat je iets mankeert
aanvullende items	Klinisch relevante items, maar behoren niet bij een schaal. Wel dragen ze bij aan de totaalscore.	eetlust, slaapproblemen, gedachten aan dood, schuldig voelen

● **Tabel 8.3** Schalen en inhoud items SQ-48

schaal	betekenis (handleiding)	onderwerpen items
angst	De angstschaal omvat de symptomen van de gegeneraliseerde angststoornis.	gespannen, onrustig, zenuwachtig, piekeren, bang, schrikachtig
depressie	In deze schaal zijn de verschillende symptomen van depressie opgenomen, zoals suïcidaliteit, negatief affect en anhedonie.	ontevredenheid, geen zin/interesse, niet genieten, hopeloos, somber, gedachten aan zelfmoord
sociale fobie	Deze schaal meet de symptomen die meestal voorkomen bij patiënten met sociale angst/sociale fobie, zoals erg verlegen zijn, het gevoel minderwaardig te zijn en angst voor de beoordeling door anderen.	minderwaardig voelen, moeilijk voor mening uitkomen, onzeker in gezelschap, ongemakkelijk met anderen
agorafobie	In deze schaal worden de symptomen gemeten die vallen onder agorafobie. Bij een hoge score kan er sprake zijn van een angststoornissen 'paniekstoornis met agorafobie' en 'agorafobie zonder geschiedenis van paniek'.	niet naar drukte durven gaan, angstig om met het openbaar vervoer te reizen, angst voor open ruimte/menigte
somatische klachten	Het gaat in deze schaal om lichamelijke symptomen zoals die kunnen optreden bij somatische aandoeningen, maar ook de lichamelijke verschijnselen die optreden wanneer men erg angstig is.	hartkloppingen, duizelig, trillen, rillen, pijn op borst, tintelingen, kortademig
vijandigheid	De schaal voor vijandigheid bestaat uit symptomen die duiden op boosheid of vijandigheid. Het gaat hierbij zowel om gedachten, als gevoelens en gedragingen.	onenigheid, opvliegend, moeite om woede te beheersen, neiging tot slaan
cognitieve klachten	Deze schaal meet de algemene cognitieve verstoringen, zoals moeite met onthouden, traagheid en moeite met concentreren.	moeite met concentreren, vergeetachtig, moeite met nemen van beslissingen, vertraagd
vitaliteit	Deze schaal stelt vitaliteit en optimisme vast, en hiermee kan specifiek aandacht worden besteed aan het bekrachtigen van de positieve psychologische kenmerken van een patiënt.	interesse, zin, energie, optimistisch, plannen maken
werk	Deze items gaan over werk- of studiegerelateerde symptomen die kunnen duiden op stress veroorzaakt door werk en studie.	stress door werk/studie, te veel (of juist minder) werken/studeren, niet goed doen op werk / in studie, geen voldoening uit werk/studie

Tabel 8.4 Schalen en inhoud items HoNOS

naam schaal	betekenis (handleiding)	onderwerpen items
gedragsproblemen	1. hyperactief, agressief destructief of geagiteerd gedrag 2. zelfverwonding 3. alcohol/drugs/medicatie	1. fysieke agressiviteit (van ruzie tot aanval) 2. zelfverwonding (van gedachte over zelfmoord tot pogingen) 3. overmatig gebruik (van enigszins overmatig tot incapabel)
beperkingen	4. cognitieve problemen 5. lichamelijke problemen	4. problemen met geheugen (van licht of verwarring, tot desoriëntatie en verlaagd bewustzijn) 5. gezondheidsproblemen (van kleine problemen tot ernstige beperkingen)
symptomen	6. hallucinaties 7. depressieve stemming	6. hallucinaties (van geen of enkele excentrieke opvattingen tot preoccupatie met wanen en ernstige gevolgen van wanen) 7. depressieve stemming (van geen of enkele sombere gedachten tot preoccupatie met schuldgevoelens en ernstige depressie)
sociale problemen	8. psychiatrie / overig gedrag 9. sociale contacten 10. ADL-activiteiten 11. woonomstandigheden 12. beroep/dagbesteding	8. type probleem definiëren, ernstigste (fobie ... eet ... slaap ... seksuele problemen, etc.) (van geen tot ernstig) 9. sociale contacten (van geen of problemen in onderhouden/maken contacten tot sociaal isolement) 10. Algemene Dagelijkse Levensverrichtingen (van geen problemen of slordigheid tot problemen met zelfzorg) 11. woonomstandigheden (van acceptabel tot onacceptabele multipele problemen) 12. beroep (van geen of tijdelijke problemen tot gebrek aan mogelijkheid tot activiteiten)

Tabel 8.5 Voorbeeldtekst per meetinstrument

	eerste meting	verbetering	verslechtering
OQ-45	**een hoge score op de schaal Interpersoonlijke Relaties:** Deze score gaat over hoe u zich voelt over relaties met andere mensen, zoals tevredenheid over uw vriendschappen, misschien wel eenzaamheid of conflicten met anderen. U scoort daar hoog op, dat betekent dat u mogelijk eenzaam bent, conflicten heeft of ontevreden bent over uw relaties.	**een verbetering op de schaal Symptomatische Distress:** U ziet op deze schaal, die over uw klachten gaat, dat die nervositeit, de somberheid, de stress en die hoofdpijn waar u het over had, fors verminderd zijn.	**een verslechtering op de schaal Sociale Rol** Wat we ook zien is dat u, in vergelijking met de vorige keer, meer last hebt op het werk. Dat u misschien conflicten hebt en ontevreden over het werk bent en over hoe u het zelf doet.
BSI	**een lage/normale score op de schaal Cognitieve problemen** Het is opvallend dat u geen last lijkt te hebben met het nemen van beslissingen en het onthouden van dingen.	**een verbetering op de schaal Symptomatische distress:** U gaf aan dat u veel minder woede-uitbarstingen had. Dit is ook te zien op de schaal die boosheid en irritatie meet, die is flink gedaald.	**een verslechtering op de schaal Sociale rol** Het valt op dat uw verlegenheid en het gevoel dat u minderwaardig bent juist toegenomen zijn.
SQ-48	**een hoge score op de schaal Depressie** We zien hier dat u niet erg geniet van leuke dingen, er geen zin in hebt en somber bent.	**een verbetering op de schaal Agorafobie** Op deze schaal ziet u dat u een stuk lager scoort dan voorheen, wat betekent dat u minder plekken mijdt, meer op uw gemak lijkt te zijn en minder bang bent in menigten.	**een verslechtering op de schaal Somatische klachten** U gaf al aan dat u nog steeds last hebt van hartkloppingen, kortademigheid en duizelingen. Dit zien we ook terug op deze schaal; die geeft ook aan dat die klachten erger zijn geworden.
HoNOS	**een hoge score op de schaal Gedragsproblemen (items 1 en 3)** Met deze schaal zien we hoe het gaat met uw gedrag dat te maken heeft met uw klachten. Daar scoort u hoog op. U gaf aan dat u regelmatig drinkt en dat u vaak niet kunt stoppen; ook hebt u dan regelmatig ruzie. Dat zien we terug in deze schaal.	**een verbetering op de schaal Symptomen (item 7)** U had vorige keer veel last van somberheid. U scoort daar nu veel lager op.	**een verslechtering op de schaal Beperkingen (item 5)** U had de vorige keer flinke gezondheidsproblemen; die lijken nu erger te zijn geworden. Klopt dat volgens u? Wilt u daar wat meer over vertellen?

Benchmarken

9.1 Wat is benchmarken nou precies? – 80

9.2 Betrokken partijen – 81

9.3 Benchmarkuitkomsten op waarde schatten – 81
9.3.1 Casemix – 82
9.3.2 Representativiteit – 83
9.3.3 Validiteit – 85

9.1 Wat is benchmarken nou precies?

Benchmarken is een methodiek om te leren van anderen die op een bepaald gebied uitblinken. Er zijn er die de term strikter hanteren en stellen dat het überhaupt stellen van en vergelijken met referentiepunten of normen al tot benchmarking gerekend kan worden (Sperry et al. 1996). Dat klopt ook wel, aangezien 'benchmark' rechtstreeks vertaald kan worden met 'ijkpunt'.

In de gezondheidszorg en de ggz is benchmark vertaald naar 'wie bij welke cliëntengroep bovengemiddelde prestaties weet te realiseren' (Blijd-Hoogewys et al. 2012). Die 'prestaties' kunnen uitkomsten van behandeling zijn, maar ook procesfactoren zoals wachttijd, aanwezigheid van behandelplannen of cliënttevredenheid. Omdat ROM en benchmarking vaak in één adem worden genoemd, is het niet verwonderlijk dat men denkt dat prestaties gelijk staan aan uitkomsten en dat er kritiek is op deze beperkte blik op het evalueren van de kwaliteit van zorg (Janssen et al. 2014). Bij het interpreteren van uitkomsten is contextuele informatie, zoals over wachttijden en cliënttevredenheid of zicht op ketenpartners, onontbeerlijk. Behandeluitkomsten worden binnen benchmarking in de zorg wél als aanleiding of signaal genomen voor praktijkvariatie (Trauer 2010a). Praktijkvariatie betreft verschillen in kwaliteit van zorg, veelal bekeken per regio of land. Praktijkvariatie is onwenselijk, omdat idealiter elke burger recht heeft op even goede zorg, en dit niet afhankelijk moet zijn van waar deze woont of bij welke aanbieder deze aanklopt.

Variatie in behandeluitkomsten is dus een aanleiding om op onderzoek uit te gaan: zijn er verschillen in de populatie? Of komt de variatie doordat aanbieders hun zorg anders hebben ingericht? Of zijn er misschien juridische of financiële aspecten die voor die variatie verantwoordelijk zijn? Het is in de praktijk niet makkelijk te ontwarren, maar benchmarking op uitkomsten voorziet in signalen van verschillen tussen aanbieders, teams of regio's die aandacht behoeven om zo de kwaliteit van zorg op het gewenste niveau te brengen en te houden (Trauer 2010a).

Gezien het feit dat benchmarking uitgaat van referentiepunten of normen en op de een of andere manier over prestaties gaat, is het niet verwonderlijk dat dergelijke gegevens ook de interesse van partijen zoals financiers of clientenorganisaties hebben gewekt. Ze zouden immers wat kunnen zeggen over de kwaliteit van zorg en dat kun je gebruiken om een keuze te maken: de keuze om bij een bepaalde aanbieder in te kopen of om je als cliënt bij de aanbieder met 'de beste resultaten' aan te melden. Terecht is door verschillende partijen gewaarschuwd voor de beperkingen die dergelijke geaggregeerde uitkomstdata hebben voor die toepassing. Eén enkel getal over uitkomst alleen zegt niet genoeg over kwaliteit van zorg, maar ook de wijze waarop benchmarking in de Nederlandse ggz momenteel is vormgegeven, zorgt voor methodologische en fundamentele beperkingen, waardoor het gebruik van deze gegevens ter 'verantwoording' of 'afrekenen' van de zorg ter discussie staat. Hoezeer de zogenaamde voor- en tegenstanders van ROM en benchmarking ook tegenover elkaar lijken te staan, over bovenstaande zijn ze het eens (Barendregt 2017; Beurs 2017; Os et al. 2017).

Waar gaat dit hoofdstuk dan over? Dit hoofdstuk gaat alleen over benchmarken. Het gaat dus niet over verantwoorden, inkopen en afrekenen, en niet over ROM in de behandelkamer. Dat laatste zal soms wel aan de orde komen, omdat benchmarking in de Nederlandse ggz in principe gebaseerd is op deze ROM-gegevens.

We geven in dit deel aan wat je wél met benchmarkgegevens kunt doen en hoe je ze in je voordeel en dat van de cliënt kunt gebruiken.

9.2 Betrokken partijen

Al een paar keer is aan de orde gekomen dat veel partijen belang hebben bij benchmarken. En, zoals we hiervoor zagen, ze verwachten er allemaal weer wat anders van. Laten we beginnen met de belangrijkste partij: de cliënt. Voor ROM is dat hopelijk duidelijk geworden uit eerdere delen in dit boek, maar wat heeft die nou aan benchmarken? Uiteindelijk moet benchmarken voor de cliënt leiden tot betere zorg en minder praktijkvariatie. Het idee van benchmarking is dat aanbieders ervan leren en dat ze er beter door worden – en daar profiteert uiteindelijk de eindgebruiker van. De tweede betrokkene is vanzelfsprekend de hulpverlener. Er is geen hulpverlener die niet goed wil zijn of beter wil worden (Linssen 2016). Hoewel de wetenschappelijke bevindingen met betrekking tot leren van feedback van geaggregeerde uitkomsten aan de bescheiden kant zijn – hoofdzakelijk omdat er nog niet erg veel en goed onderzoek naar gedaan is –, zijn er praktijkvoorbeelden waaruit blijkt dat verbeteren door vergelijken wel degelijk rendement kan hebben (Jong et al. 2017; Oudejans 2009). In het verlengde daarvan scheppen kwalitatief goede uitkomstgegevens kansen voor wetenschappelijk of beleidsonderzoek om innovaties of veranderingen te onderzoeken. Ze zijn gezien de opzet (waarover straks meer) met name geschikt voor het genereren van hypotheses, die met gedegen wetenschappelijk en beleidsonderzoek op houdbaarheid onderzocht moeten worden. Pas daarna komen de financiers in beeld, zoals zorgverzekeraars of gemeenten. Zoals gezegd niet in verband met inkoop of verantwoording via uitkomsten, maar als partijen die profiteren van betere zorg, die via een vorm van intercollegiale toetsing tot stand komt en via benchmarking onderhouden wordt.

Als laatste belanghebbende willen we de burger noemen. Die is in alle opzichten een indirect belanghebbende: via cliënten, omdat de maatschappij profiteert van cliënten die sneller opknappen, en via de financier, als belasting- of premiebetaler die er baat bij heeft dat er zo efficiënt mogelijk met deze gelden wordt omgegaan. Daarnaast is elke burger een potentiële cliënt, die het op prijs zal stellen dat de sector en de beroepsgroepen bereid zijn zich kwetsbaar en leerbaar op te stellen om zodoende beter te worden.

9.3 Benchmarkuitkomsten op waarde schatten

Het zal je niet ontgaan zijn: begin 2017 barstte een storm van kritiek los op benchmarking in de ggz. Aanleiding voor deze kritiek was een rapport van de Algemene Rekenkamer waarin werd aangegeven dat uitkomstbekostiging op basis van de huidige gegevens nog verre van mogelijk is (Bekostiging van de curatieve geestelijke gezondheidszorg 2017). Het resulteerde in de petitie – met inmiddels een ruime zesduizend handtekeningen en steun van een aantal beroepsverenigingen – en een gelijknamige website STOPROM, een uitdrukking die na de initiële lancering genuanceerd is tot Stop Benchmark met ROM (Position Paper 'Stop Benchmark met ROM' 2017). De kritiek richtte zich op een aantal punten, waaronder de betrouwbaarheid en validiteit van de gegevens. Daarnaast waren er zorgen over en kritiek op het feit dat gegevens van cliënten de instellingen verlieten zonder dat die daar expliciet van op de hoogte werden gesteld of hun om toestemming was gevraagd (Os et al. 2017). De gegevens die aanbieders aanleveren ten behoeve van benchmarking zijn dubbel gepseudonimiseerd: de eerste keer bij de hulpverlener, een tweede keer bij ZorgTTP, en daarna gaan ze naar SBG (Vragen gesteld door de leden der Kamer, met de daarop door de regering gegeven antwoorden 2017). Echter, met de juiste sleutel(s) kunnen deze weer ontsleuteld worden, waardoor het mogelijk is ze te herleiden tot individuen. Anonimisering is echter onomkeerbaar: daarna is herleiden van gegevens tot individuen niet meer mogelijk. Wanneer sprake is van volledig geanonimiseerde data, is privacywetgeving niet van toepassing (en is er geen sprake van persoonsgegevens). Door een uitspraak van de Autoriteit Persoonsgegevens kreeg het begrip persoonsgegevens een verruiming en veranderde de interpretatie van wet- en regelgeving. Hierdoor werden de gepseudonimiseerde ROM-gegevens wettelijk als persoonsgegevens gezien en konden die zonder expliciete toestemming van de cliënt niet meer worden verwerkt. GGZ Nederland adviseerde vervolgens haar lidinstellingen om 'voortvarend door te gaan met ROM'en, maar de aanlevering aan SBG op te schorten totdat door de minister een wettelijke regeling is getroffen' (Aanlevering ROM-gegevens 2017).

Inmiddels hebben voor- en tegenstanders zich verder laten horen en worden er alternatieven of aangepaste benaderingen voor de huidige opzet geopperd (Jong et al. 2017; Schoevers en Beekman 2017; Os en Delespaul 2017). Hoe zich dit ook ontwikkelt, het gebruik van gekwantificeerde gegevens ten behoeve van kwaliteitsverbetering in de zorg blijft ons inziens een vereiste. Voor het op waarde schatten van benchmarkuitkomsten – los van bovenstaande discussie – gaan we hieronder nader in op betrouwbaarheid en validiteit, maar we beginnen met een ander begrip: casemix.

9.3.1 Casemix

Casemix-correctie. Wie zich langer bezighoudt met ROM en benchmarken in de zorg kent het woord wel. Het is de mix van kenmerken van cliënten (*cases*) die verschillen in uitkomsten van zorg kunnen verklaren. Casemix is in eerste instantie van belang als het gaat om het vergelijken van uitkomsten tussen verschillende aanbieders, teams of locaties. 'Onze cliënten zijn zwaarder' is dan een veelgehoorde uitspraak. Dat kan. Maar wat wil je vervolgens weten over de uitkomsten van deze cliënten? Wil je de eventuele verschillen weggecorrigeerd hebben of wil je zien wat je juist voor deze groep hebt kunnen betekenen?

Het corrigeren voor de casemix wordt bij benchmarking ingezet om aanbieders 'eerlijk' met elkaar te kunnen vergelijken. In de ggz wordt van sommige kenmerken, zoals etniciteit of ernst van de psychische aandoening, aangenomen dat ze een ongunstige invloed hebben op de uitkomst van de behandeling. Als het ene team of de ene aanbieder veel van die cliënten behandelt, dan moet dat meegenomen worden als je die vergelijkt met een team of aanbieder die een populatie bedient met minder hardnekkige problemen (Warmerdam 2017a). Dat klinkt logisch. Toch hangt het helemaal af van de vraag: waar is de vergelijking op gericht? Als je een oordeel wilt vellen of ze allemaal evenveel hebben bereikt als ze hadden kunnen bereiken, dan is het zinnig om te corrigeren voor casemix. Je elimineert zo praktijkvariatie die komt door populatiekenmerken en kunt dan een evenwichtig oordeel vellen over de 'prestaties'. Maar zo'n gecorrigeerd beeld vlakt wel af. Je kijkt naar een gemiddelde en dat zegt alles over niemand. Vaak wil je juist weten waar teams of aanbieders goed in zijn of waar ze zich op kunnen verbeteren. Sommige aanbieders specialiseren zich in cliënten die een of meer van die 'ongunstige' kenmerken bezitten, zoals praktijken of centra voor persoonlijkheidsstoornissen of specialisten in interculturele psychiatrie. Of je vindt als aanbieder dat iedereen recht heeft op een bepaalde mate van herstel, wel of geen ernstige aandoening, wel of geen ongunstige kenmerken. Dan is het veel interessanter en leerzamer om subgroepen te maken met cliënten met die kenmerken waarvan je vindt dat je ze evengoed goed moet bedienen. Dit heet stratificatie; je maakt juist die casemix-kenmerken zichtbaar, en je ziet wat de behandeling voor cliënten met deze kenmerken heeft opgeleverd. Een voorbeeld uit de verslavingszorg is dat cliënten die verslaafd zijn aan meer dan één middel doorgaans minder goede uitkomsten hebben (Oudejans et al. 2009). Het ligt dan voor de hand om hiervoor te corrigeren, waarbij je gunstige uitkomsten van aanbieders die relatief veel van deze cliënten behandelen zwaarder laat wegen in een vergelijking. Mogelijk vermindert hiermee de praktijkvariatie: initiële verschillen in uitkomsten die er waren worden kleiner of verdwijnen zelfs. Dat kan gewenst zijn als je wilt weten of team A 'even goed' is als team B. Maar benchmarking wordt misschien wel veel interessanter als je anders naar dergelijke vraagstukken kijkt. Je zou je bijvoorbeeld óók kunnen afvragen of je niet iets wilt doen in de organisatie, de scholing of de ondersteuning van het team dát die relatief zware cliënten krijgt. Daarvoor wil je eerst die variatie zien (als signaal), vervolgens kun je onderzoeken wat voor populatie die binnenkrijgt. Mogelijkerwijs kun je dan een antwoord vinden op de vraag hoe je ook voor deze populatie cliënten de zorg beter kunt krijgen, zodat ook zij het gewenste niveau van uitkomsten behalen.

Juist door verschillen tussen cliënten niet weg te corrigeren zou je meer kunnen leren: er kan uitkomen dat sommige cliënten meer zorg consumeren of dat ze sneller afhaken. In dat laatste geval zul je meer of andere inspanningen moeten plegen om hen in behandeling te houden. Maar als je ze uiteindelijk naar een, qua uitkomsten, goed eindniveau brengt, weet je waarvoor je het doet en heb je een goed verhaal. Voor je cliënten, en voor jezelf.

9.3.2 Representativiteit

Je profiteert alleen maar van benchmarking als de gegevens valide zijn voor dat doel. Je moet meten wat je wilt weten, maar je moet het ook meten bij de juiste personen. Vervolgens moet je voldoende van die juiste personen hebben om een betrouwbare uitspraak over die groep te kunnen doen. Het vaststellen van uitkomsten bij voldoende juiste personen betreft representativiteit: zijn de gegevens die verzameld zijn afkomstig van een juiste afspiegeling van de populatie?

Wanneer kun je spreken van voldoende representativiteit? Voor het eerste criterium (bij de juiste cliënten meten) is geen hard criterium te geven, maar je moet met enige zekerheid of onderbouwing kunnen zeggen dat de onderzoeksgroep op belangrijke kenmerken overeenkomt met de populatie die je wilt onderzoeken.

Wil je een uitspraak doen over de uitkomsten van de cliënten van locatie A, dan zijn gegevens van alleen de jongere cliënten van die locatie niet representatief. Het is niet altijd zo duidelijk: soms heb je wel iedereen gevraagd een vragenlijst in te vullen, maar heeft niet iedereen dat gedaan of alleen een groep met bepaalde kenmerken. Een bekend fenomeen is dat mensen die geen moeite hebben met lezen, de Nederlandse taal goed machtig zijn en minder ernstige of gecompliceerde klachten hebben, sneller een vragenlijst invullen of eerder geneigd zijn om mee te doen aan een interview. Als die kenmerken dan ook nog eens samenhangen met behandelresultaten, dan is representativiteit een probleem (Hoenders et al. 2014; Oudejans et al. 2009; Trauer 2010b). Je hebt dan te maken met *selectiebias*. Wat is daarvoor nu de oplossing? Ten eerste is het mogelijk om voor de vertekeningen te corrigeren: als je weet dat cliënten die binnenkomen met complexe klachten minder snel opknappen, en deze groep is ondervertegenwoordigd in de steekproef (dus heeft minder vaak een vragenlijst ingevuld), dan kun je deze groep zwaarder laten wegen in de berekeningen (net zoals bij casemix-correctie gebeurt). Op die manier corrigeer je voor een eventuele overschatting van de uitkomsten. Let wel: om die weging te kunnen doen, moet je weten welke cliënten ondervertegenwoordigd zijn én je moet de betreffende kenmerken hebben gemeten. Dat is niet altijd het geval. Als cliënten de vragenlijst niet invullen, weet je vaak niet waarom dat zo is én je hebt niet alle kenmerken van die cliënten gemeten. Of je kúnt ze niet meten, juist omdat ze de vragenlijsten niet invullen. Dat is vaak het geval bij metingen aan het einde van de behandeling: er is behoorlijk wat bewijs dat cliënten die bereid zijn vragenlijsten in te vullen – bijvoorbeeld bij follow-uponderzoek – over het algemeen beter functioneren, gezonder zijn en meer te besteden hebben dan cliënten die dat niet doen (of niet kunnen doen, omdat ze bijvoorbeeld geen computer met internet hebben of hun telefoon is afgesloten). Ook cliënten die hun behandeling voortijdig beëindigen, zijn vaak niet meer bereid een vragenlijst in te vullen. De kans is dus groot dat je bij eind- of follow-upmetingen een oververtegenwoordiging hebt van cliënten met wie het goed gaat (Blijd-Hoogewys 2017; Trauer 2010b). Je kunt er moeilijk voor corrigeren, want van de mensen die niet mee hebben gedaan, heb je geen uitkomsten.

Er wordt wel gezegd dat resultaten gebaseerd op een respons van minder dan zeventig procent met de nodige voorzichtigheid bekeken moeten worden (Trauer 2010b). De Nederlandse situatie zit daar op dit moment ver vanaf: het gemiddelde percentage van de aanlevering van gegevens bij SBG ligt op dit moment tegen de vijftig procent (Warmerdam 2017b), met flinke variatie tussen de verschillende zorgdomeinen en tussen aanbieders. Vanwege de potentiële vertekeningen, die uit eigen onderzoek van SBG ook naar voren komen, wordt veertig procent als absolute ondergrens voor benchmarking aangemerkt, maar is het advies om ook bij responspercentages die hoger zijn dan dat alert op selectiebias te zijn (Warmerdam 2017a).

Bovenstaand is het advies voor benchmarking, waarvoor bij SBG onderzoekers en methodologen bezig zijn om de data zo goed mogelijk te harmoniseren en het effect van selectiebias zo veel mogelijk te reduceren. Maar wat moet je nu doen als je voor je eigen praktijk of organisatie uitspraken wilt doen? Wat is dan het advies?

Daarvoor geldt natuurlijk ook: hoe meer, hoe beter. Hoe hoger de respons, hoe kleiner de kans op vertekening. Maar als je niet de beschikking hebt over statistici die correcties kunnen uitvoeren, dan moet je je bij elke respons onder de honderd procent de volgende vragen stellen: Wie zijn die cliënten van wie ik geen uitkomsten heb? In hoeverre wijken ze af van diegenen van wie ik wel gegevens heb? Hangen die kenmerken samen met behandeluitkomst, en zo ja, in welke richting? Kan er dan vertekening zijn opgetreden? Hoe lager de respons, hoe kritischer je je deze vragen moet stellen.

9.3.3 Validiteit

Profiteren van benchmarking kan alleen maar als je hebt gemeten wat je beoogde te meten. Omdat ROM-data bij benchmarking in de ggz een centrale rol spelen, besteden we in deze alinea aandacht aan de validiteit van ROM-gegevens in de behandelkamer en hoe die zich verhoudt tot benchmarking en validiteit van die benchmark. Dit betreft dus het eerder genoemde onderscheid tussen Routine Outcome Monitoring enerzijds en Routine Outcome Management anderzijds.

Ten aanzien van Routine Outcome Monitoring is het van belang dat de vragenlijst qua meetpretentie, gevoeligheid en type feedback past bij hetgeen van de behandeling valt te verwachten: stelt de lijst klachten vast waarvan verwacht wordt dat ze gedurende de behandeling verminderen, is die verandering waarneembaar met dit meetinstrument, en kunnen de klacht(en) waarop verandering wordt verwacht ook waargenomen worden via een geschikte schaalscore of items? Veranderingen in depressieklachten kunnen preciezer en gevoeliger worden gevolgd met een aparte depressievragenlijst of een generieke lijst met een aparte depressieschaal dan met een generiek instrument als de OQ-45. Die laatste lijst kent één schaal voor Symptomatische Distress (met voornamelijk items over angst en depressie), wat het volgen van specifieke klachten net iets minder gedetailleerd maakt. Anderzijds is het weinig valide om een behandeling waardoor nauwelijks verandering van symptomen verwacht wordt, maar des te meer van kwaliteit van leven of persoonlijk herstel, te volgen met een klachtenlijst. Daar zijn instrumenten met een andere meetpretentie meer op hun plaats, zoals de momenteel in ontwikkeling zijnde Integrale Herstelschaal (IHS) (Swildens en Visser 2016). Daarnaast moet een meetinstrument ook afgestemd zijn op andere kenmerken van de populatie: het moet passen bij de taalvaardigheid en de cognitieve vermogens van die groep. Een lange vragenlijst bij cliënten die niet goed kunnen lezen of zich slecht kunnen concentreren, levert hoogstwaarschijnlijk geen valide gegevens op.

Verwachtingen of wensen met betrekking tot de resultaten kunnen ook een rol spelen bij de validiteit van de gegevens. Dat kan zowel bij cliënt als hulpverlener een rol spelen. Het zogenoemde 'hello-goodbye-effect' betreft het fenomeen dat cliënten bij aanvang geneigd zijn hun klachten te overdrijven om voor behandeling in aanmerking te komen, om vervolgens hun klachten aan het eind van de behandeling weer te bagatelliseren om de hulpverlener te plezieren (Blijd-Hoogewys 2017; Hoenders et al. 2014). In een vergelijkbare val kunnen hulpverleners trappen bij het invullen van beoordelingslijsten, met name aan het einde van de behandeling. Het betreft hier niet zozeer het plezieren van een ander, maar het verschijnsel dat het nu eenmaal moeilijk is om, na een hoop inspanning waarin je zelf een belangrijke rol hebt gespeeld, met een onafhankelijke blik waar te nemen wat de behandeling nu eigenlijk heeft opgeleverd. De kans is aanwezig dat de hulpverlener meer vooruitgang ziet dan er daadwerkelijk is. Dit is een van de redenen dat in wetenschappelijke onderzoeken met scepsis wordt gekeken naar studies waarbij de uitvoerder van de interventie een rol speelt bij het oordeel over het succes van de interventie.

Een laatste opmerking over validiteit als het gaat om Routine Outcome Monitoring betreft de bewering van sommigen dat het in de praktijk bij de behandeling van psychische klachten vaak meer gaat om symptoomacceptatie dan om symptoomreductie. Vragenlijsten die symptomen meten, leveren dan geen waarheidsgetrouw beeld op van het succes van een behandeling. Soms kan somberheid blijven bestaan, maar kan acceptatie het lijden verlichten; fobische angst blijft aanwezig, maar de persoon slaagt erin zich er minder door te laten beïnvloeden. In andere gevallen kan symptoomreductie een toename in klachten tot gevolg hebben: een afname van wanen en hallucinaties tijdens behandeling met klassieke antipsychotica kan leiden tot extrapiramidale verschijnselen en een toename van dysforie of apathie (Os et al. 2012). Dit verschijnsel maakt resultaten van vragenlijsten ten behoeve van monitoring niet per definitie invalide, maar het maakt het des te belangrijker deze gegevens te gebruiken voor agendasetting en het gesprek met de cliënt.

Bovenstaande aspecten van validiteit spelen een belangrijke rol als het gaat om het gebruiken van ROM-gegevens ten behoeve van benchmarking: de context van het gesprek is er dan niet meer, en cijfers kunnen minder goed toegelicht, verder onderzocht of genuanceerd worden. Ze zitten tenslotte in een grote anonieme database en de individuele toelichting van cliënt en hulpverlener ontbreekt. Het is dan veel belangrijker dat de resultaten een valide weergave zijn van hetgeen de behandeling zou moeten bewerkstelligen. Het huidige uitgangspunt in de Nederlandse praktijk is dat de aanbieders op individueel niveau ROM-gegevens verzamelen, deze terugkoppelen in de behandelkamer, er de behandeling mee bijstellen, én de begin- en eindmeting die ze in dit kader verzamelen aanleveren ten behoeve van de landelijke benchmark.

Meervoudige functie ROM

In deze meervoudige functie van ROM-gegevens schuilt een aantal bedreigingen van de validiteit, zeker in de huidige setting waarin er onder belanghebbenden geen consensus bestaat over de betekenis van benchmarking en de omstandigheden waarbinnen die plaats moet vinden (Jong et al. 2017; Os et al. 2017). Ten eerste kunnen degenen die een belangrijke rol hebben bij het verzamelen van de data (de hulpverleners), een belang voelen bij een gunstige uitkomst: als zij zich niet veilig voelen bij het gebruik van deze data en financiële of formele sancties vrezen als resultaat van 'slechte' uitkomsten, heeft dit gevolgen voor de manier waarop deze gegevens verzameld worden. Hoewel veel uitkomsten tot stand komen via zelfrapportage, leert elke student in methodologielessen dat de houding van de hulpverlener ook invloed kan hebben op de resultaten van zelfrapportage-instrumenten. Bij het verzamelen van uitkomsten aan de hand van beoordelingsinstrumenten (zoals de HoNOS) is dit risico nog veel groter. Van Os et al. merkten deze kanttekeningen bij het gebruik van ROM-data ten behoeve van benchmarking aan als 'een uitnodiging tot vertekening' (Os et al. 2012).

De tweede bedreiging sluit aan op het eerder genoemde hello-goodbye-effect: gegevens verzameld in het kader van monitoring zijn eigenlijk minder geschikt voor outcome-management, juist omdat ze besproken worden in de behandelkamer:

de cliënt weet dit en zal er bewust dan wel onbewust rekening mee houden. Dat kan door antwoorden op bepaalde vragen zwaar aan te zetten omdat hij/zij die op de agenda wil hebben, maar andersom kan dit ook: problemen bagatelliseren teneinde deze in het behandelgesprek te vermijden. Binnen een geslaagd hulpverleningstraject zal dit vroeg of laat boven tafel komen (helemaal als de hulpverlener de resultaten uit de vragenlijst bespreekt met de cliënt) en wordt het beeld uit de vragenlijsten in de gesprekken bijgesteld. Hafkenscheid (2012) besprak in het *Tijdschrift voor Psychiatrie* een casus waarin een cliënt zich gedurende de behandeling meer blootgeeft, en achteraf moet constateren dat deze het leven in het begin van de behandeling te rooskleurig had voorgesteld. Een belangrijke en positieve therapie-uitkomst (en dankzij monitoring en feedback boven tafel gekomen!), maar wel een die zich uitte in een slechtere score op uitkomsten in opvolgende sessies (Hafkenscheid 2012). Echter, deze 'gecontamineerde' data komen wel terecht in de gegevens bestemd voor benchmarking, waarin de eventuele bijstelling en toelichting niet is opgenomen. Dit is een belangrijk punt, maar het is niet duidelijk in hoeveel procent van de gevallen hier nu eigenlijk sprake van is – en of dit per cliëntengroep verschilt –, waardoor het niet duidelijk is hoe groot dit probleem nu eigenlijk is. Tijdens een van de trainingsavonden aan vrijgevestigde hulpverleners hebben we, toen dit onderwerp ter tafel kwam, eens gevraagd hoe vaak er van dit fenomeen sprake was geweest in hun praktijk. Hardop denkend gaf een aantal van hen aan dat dit misschien maar een paar keer per jaar was. Daarmee is het onaannemelijk dat het grote dataverzamelingen zal vertekenen, maar het is wel belangrijk om zicht te hebben op het feitelijk voorkomen van dit fenomeen, omdat alleen op die manier de discussie goed en feitelijk gevoerd kan worden.

Twee andere grote bedreigingen voor de validiteit van uitkomstgegevens ten behoeve van outcome-management en benchmarking betreft de grote variatie aan meetinstrumenten die in de ggz worden gebruikt om de uitkomst van de behandeling vast te leggen. Bij benchmarking binnen instellingen of afdelingen gebruikt men vaak nog wel dezelfde instrumenten, maar als het gaat om landelijke vergelijkingen is dit een serieus probleem, waar SBG actie op heeft ondernomen om het aantal instrumenten dat daarvoor gebruikt kan worden te beperken. Dezelfde bedreiging geldt voor het meetmoment of de wijze van data verzamelen (in de behandelkamer, thuis achter de computer, op locatie, of een beoordeling door de hulpverlener); uit de elementaire methodologielessen weten we allemaal dat het echt iets uitmaakt. Om uniformiteit te bereiken in meetmomenten is voor de landelijke benchmark gekozen om uit te gaan van de DBC-systematiek. Een behandeling (zorgtraject) kan bestaan uit een of meer DBC's van maximaal één jaar. Door een voor- en nameting rondom een DBC te verplichten, ontstaan uniforme meettrajecten (Blijd-Hoogewys 2017). Voor de overige meetvariatie is door SBG een onderscheid gemaakt in het gebruik van observatie-instrumenten voor Volwassenen EPA en zelfrapportage bij Volwassenen Cure, maar op andere gebieden is er nog grote variabiliteit.

Afhankelijk van wat men beoogt en verwacht van benchmarking zijn bovenstaande punten meer of minder grote bedreigingen van de validiteit van de huidige gegevensverzameling van SBG. Het punt van de gecontamineerde metingen is een aantal keren aanhangig gemaakt en uitstekend toegelicht in de Nederlandse vakliteratuur (Hafkenscheid en Os 2014; Os et al. 2017). Hoewel het voorkomen van dit fenomeen basale methodologische kennis betreft, is niet bekend hoe groot dit probleem is. Daarom is het onduidelijk in hoeverre het de benchmarkgegevens onbruikbaar zou maken indien ze ingezet worden voor kwaliteitsverbetering in een veilige, overzichtelijke omgeving waarin volop ruimte is voor het bieden van context en voor discussie en interpretatie.

Gescheiden processen

Ter ondervanging van bovenstaande is wel geopperd dat gegevens verzamelen voor ROM en gegevens verzamelen voor benchmarking gescheiden processen zouden moeten zijn (Hafkenscheid en Os 2014; Janssen et al. 2014; Oudejans 2009; Oudejans en Schippers 2013). De eerste variant, door Hafkenscheid en Van Os ook wel 'sturende' ROM genoemd, betreft het monitoren met als doel de lopende behandeling te beïnvloeden (Routine Outcome Monitoring, in de behandelkamer dus). De tweede variant is 'volgend': waarbij meer evaluerend en achteraf wordt gemonitord, waarbij de uitkomsten van deze metingen geen implicaties hebben voor de lopende behandeling. Hiermee zou gebenchmarkt, maar ook verantwoord kunnen worden, omdat het de eerder genoemde contaminatie ondervangt en daarmee een belangrijke methodologische tekortkoming voor validiteit wegneemt. Aanvullende adviezen zijn uitgebracht over de opzet van deze 'volgende' variant: om zinnige uitspraken over de werkelijkheid te doen – wat ten behoeve van benchmarking, maar zeker voor verantwoording of eventuele zorginkoop van cruciaal belang is –, zijn toch echt hogere responspercentages nodig dan tot nu toe bereikt worden (Oudejans en Schippers 2013). De vraag is dan ook of de sector moet vasthouden aan het evalueren van alle cliënten. Efficiënter zou zijn steekproeven te trekken (Hafkenscheid en Os 2014; Janssen et al. 2014; Oudejans 2009; Oudejans en Schippers 2013). Om een uitspraak te doen over uitkomsten van behandelingen is het namelijk helemaal niet nodig de gehele populatie te meten. Dat is eerstejaars-psychologiekennis: een goede steekproef trekken en een hoge respons levert kennis over de populatie op. Het zou de kwaliteit van dergelijke metingen ten goede komen als de instellingen zich niet hoeven in te spannen om van alle cliënten een eindmeting te verkrijgen. Ze zouden deze energie kunnen steken in het behalen van een hoge respons – toch wel op zijn minst zeventig procent, zoals acceptabeler naar academische maatstaven – binnen een steekproef en met valide en relevante instrumenten en methodiek die op een onafhankelijke wijze behandeluitkomsten vaststellen. Door de metingen ten behoeve van de twee vormen uit elkaar te trekken, krijgen aanbieders het makkelijker om te voldoen aan de eisen die externe partijen stellen, worden de lopende behandelingen ontlast van deze eisen en krijgen aanbieders en externe partijen de beschikking over kwalitatief betere gegevens om van te leren, om te onderzoeken en om mee te verantwoorden. Individuele cliënten profiteren hiervan doordat de metingen die verricht worden zich beperken tot het hoogstnoodzakelijke, zo veel mogelijk gericht op ROM in de behandelkamer.

Een alternatieve opzet van kwaliteitsmeting is het meten van uitkomsten en andere kwaliteitsparameters op populatieniveau in de wijk (Os en Delespaul 2017) in plaats van op cliëntniveau van de ggz-aanbieders. Daarmee zou de impact van de ggz op de populatie veel beter gemeten kunnen worden. Daarmee wordt het euvel van het beperkte bereik van de ggz (25 % kampt jaarlijks met psychische klachten en de ggz bereikt maximaal 7 %), wat ook een belangrijke kwaliteitsfactor is, ook zichtbaar. De staat van de wijk zou op ruim dertig factoren – waaronder aantal suïcides, aantal mensen met psychische klachten wel en niet aan het werk, en aantal intensieve zorggebruikers – in kaart gebracht moeten worden.

Leren van uitkomsten

10.1 Benchmarken via SBG – 90

10.2 Benchmarken tussen vrijgevestigden – 91

10.3 Intern benchmarken – 91

10.4 Data uit de praktijk: handreikingen voor analyse – 92

10.5 Uitkomsten presenteren – 95

10.6 In actie komen – 96
10.6.1 Uitkomsten, cliënten, proces en structuur – 96
10.6.2 Veranderen – 98
10.6.3 Voorbeelden – 98

© Bohn Stafleu van Loghum, onderdeel van Springer Media B.V. 2018
S. Oudejans en M. Spits, *Snel succes met ROM*, DOI 10.1007/978-90-368-1726-4_10

10.1 Benchmarken via SBG

Hoe kun je nu vergelijkingen maken op basis van landelijke benchmarkdata? Die gegevens zijn beschikbaar in BRaM, de Benchmark Rapportage Module (de terugkoppelmodule van SBG). Iedere medewerker van een instelling of een praktijk die informatie aanlevert aan SBG, kan toegang krijgen tot BRaM. Voor medewerkers van een grotere instelling loopt dit meestal via de automatiseringsafdeling. Zelfstandig gevestigde praktijkhouders kunnen eigenstandig een certificaat aanvragen.

In BRaM kan elke aanbieder zien wat de gemiddelde verbetering van zijn cliënten is via de Delta-T. Dat is het gestandaardiseerde pre-post-verschil in getransformeerde T-score per cliënt (per DBC-jaar). Een T-score is een zogenoemde 'schaalvrije' score, die wordt berekend door ruwe scores van verschillende vragenlijsten om te zetten via een daarvoor opgesteld algoritme. Hiermee zijn scores op verschillende vragenlijsten onderling vergelijkbaar: elke score op elke vragenlijst kan dus getransformeerd worden in een T-score en het verschil tussen de T-score van de startmeting en die van de eindmeting is de Delta-T (Beurs 2010; Blijd-Hoogewys 2017). De verslavingszorg heeft binnen BRaM een uitzonderingspositie: daarvoor is te zien hoeveel procent van de cliënten na een behandeling abstinent is en welk deel nog echt overmatig gebruikt. Ook wordt (zowel voor de ggz als de verslavingszorg) gerapporteerd of er sprake is van verbetering, verslechtering of stabiliteit (ten opzichte van het gebruik bij de start). Zorgaanbieders kunnen de uitkomsten bekijken voor de eigen organisatie en ze vergelijken met de gegroepeerde uitkomsten van alle andere organisaties in de verslavingszorg tezamen. Dit noemt men spiegelinformatie: het geeft een vergelijking met een landelijk gemiddelde.

Deze cijfers zijn bedoeld voor landelijke benchmarking. Daarnaast zijn binnen de eigen organisatie tot op afdelingsniveau uitkomsten zichtbaar (indien door de organisatie aangeleverd aan SBG). Dat maakt intern benchmarken mogelijk.

Een veelgehoorde opmerking is dat vergelijking met een landelijk gemiddelde niet zo veel zegt, omdat je niet goed weet wat die andere organisaties aanbieden of omdat het type problematiek van cliënten te divers is om valide en betrouwbare vergelijkingen te kunnen maken. Dat zijn vragen die te maken hebben met de casemix-correctie. In BRaM kan een dergelijke correctie toegepast worden om een 'eerlijker' vergelijking te maken. Al eerder merkten we op dat het toepassen van een casemix-correctie niet altijd informatief is: het is alleen zinnig als je relatief snel, met één enkele index, prestaties wilt vergelijken. Als je meer onderzoekend naar de gegevens kijkt, om te zien of er cliëntengroepen zijn waarbij de uitkomsten achterblijven, dan is het informatiever om gebruik te maken van stratificering. Dat is het maken van selecties van groepen cliënten, wat ook mogelijk is binnen BRaM. De weergave van de uitkomsten kan worden gefilterd voor cliëntkenmerken (zoals geslacht en leeftijd), voor klinische kenmerken (zoals diagnose en type primair middel) en voor informatie over type DBC of basis-ggz en behandelintensiteit. Op die manier kan een homogene groep cliënten bekeken worden en wordt de vergelijking zinvoller.

10.2 Benchmarken tussen vrijgevestigden

Sinds kort leveren ook de vrijgevestigde praktijken gegevens aan aan SBG en kunnen zij in BRaM hun gegevens bekijken. De vrijgevestigde praktijken worden niet vergeleken met aanbieders, maar alleen met elkaar. Dat gebeurt via zogenoemde clusters van tussen de veertig en tachtig praktijken die op basis van postcode gevormd worden. Als praktijk word je in BRaM vergeleken met je eigen regionale cluster én met het landelijk gemiddelde (van vrijgevestigde praktijken). Daarnaast bestaat de mogelijkheid om binnen BRaM een referentiegroep te vormen. Dat zijn groepen of clusters die vrijgevestigden op eigen initiatief kunnen vormen. Dat kan bijvoorbeeld een intervisiegroep zijn of een aantal hulpverleners die gespecialiseerd zijn in het behandelen van bepaalde cliënten of diagnosegroepen. Dat geeft je als vrijgevestigde de mogelijkheid om jezelf op meerdere niveaus met anderen te vergelijken: met collega's die je goed kent en/of die veel op je lijken (de referentiegroepen), met de regio (via de clusters op postcode) en met het landelijk gemiddelde. Daarbinnen bestaat ook nog de mogelijkheid om subgroepen van cliënten te bekijken.

10.3 Intern benchmarken

Tot nu toe is er voornamelijk over benchmarken gesproken in de context van het vergelijken van praktijken of aanbieders. Dat kan dus via BRaM, en er is een aantal landelijke initiatieven waarbij een aantal aanbieders via andere wegen gegevens met elkaar uitwisselen en vergelijken. Voorbeelden zijn SynQuest en RoQua, en buiten de ggz de Santeon-groep.

Benchmarken kan echter ook binnen de eigen organisatie, als je bijvoorbeeld teams van één aanbieder met elkaar vergelijkt. Je kunt ook benchmarken met jezelf, in de loop van de tijd: je kijkt dan in hoeverre behandeluitkomsten veranderen in de loop van jaren of maanden (en onderzoekt wat er is veranderd als er variatie is). Dat kan een stuk aansprekender en concreter zijn, omdat je meer weet over je eigen cliëntenlast. Of omdat je van een aantal afdelingen meestal wel een beeld hebt van of een verwachting hebt over de uitkomsten. Daarnaast is er meer bekend over de afdelingen of je eigen cliëntenlast, waardoor je weet welke behandelingen en zorgpaden er gevolgd worden, welke problematiek veel voorkomt en wat andere kenmerken zijn. Daardoor weet je beter welke vergelijkingen zinvol zijn, bijvoorbeeld tussen afdelingen die vergelijkbare cliënten behandelen, met een vergelijkbaar aanbod. Als dan blijkt dat de uitkomsten van deze afdelingen van elkaar verschillen, dan is het mogelijk om te leren van deze benchmark: wat doet men dan anders?

Voor intern benchmarken wordt vaak gebruikgemaakt van interne gegevens van de organisatie. Maar BRaM verschaft ook mogelijkheden voor intern benchmarken, in de loop van de tijd of tussen afdelingen, teams of clusters. Voorwaarde is wel dat de organisatie daar informatie over heeft aangeleverd, zodat er binnen de applicatie selecties van gemaakt kunnen worden.

10.4 Data uit de praktijk: handreikingen voor analyse

In deze paragraaf gaan we in op de vraag wat je zelf kunt doen met geaggregeerde data die verzameld zijn in de praktijk van alledag, in je eigen praktijk of organisatie. We zullen schetsen welke vragen er beantwoord moeten worden bij het analyseren en beoordelen van de gegevens uit je eigen team, praktijk of organisatie en hoe je aan de hand daarvan de praktijk kunt verbeteren of veranderen. Een helder antwoord op die vragen geeft je inzicht in de kwaliteit van je gegevens en geeft je de mogelijkheid om – eventueel met wat slagen om de arm – uitspraken te doen over de resultaten van de door jou/jullie geboden zorg.

Niet zelden krijgen we de vraag: wat kunnen we nu zeggen over de uitkomsten, wanneer kunnen we er nu waarde aan hechten? Helaas is daar geen eenduidig antwoord op te geven. Net zoals dat voor de gegevens uit ROM-metingen voor het gebruik in de therapiekamer geldt, moeten ook geaggregeerde ROM-gegevens in de context en met de nodige voorzichtigheid geïnterpreteerd worden. Op basis van deze cijfers alleen kunnen nooit beleidsbeslissingen genomen worden, net zoals dat in de behandelkamer nooit zou moeten kunnen. De gegevens kunnen wel gebruikt worden als aanleiding voor verder onderzoek, nadere inspectie of een kwalitatieve evaluatie.

Onze ervaring is dat teams of managers zich afvragen: waar moet ik beginnen? Hoe weet ik of ik voldoende gegevens tot mijn beschikking heb om überhaupt te beginnen met verbetering op basis van kwantitatieve (uitkomst)gegevens? Daarvoor kunnen onderstaande zeven stappen behulpzaam zijn (◘ tab. 10.1):

1. Ontwikkel een vraag- en doelstelling: op welk vraagstuk of probleem moeten de gegevens een antwoord geven? Wat wil je verbeteren? Bedenk er in elk geval *iets* concreets voor: vrijblijvend staren naar data of managementrapportages zal je niet veel opleveren, is onze ervaring. Vaak heb je wel een idee: je hebt gezien dat cliënten niet zo tevreden zijn over de informatievoorziening als je zou willen, of er zijn lange wachttijden. Het vermoeden van overbehandeling is ook zo'n vraagstuk: is dat daadwerkelijk aan de orde binnen jouw praktijk of team, en kun je dat terugbrengen zonder dat de uitkomsten daaronder lijden?
2. Ga na of je over de cliënten in je vraag- of doelstelling überhaupt gegevens hebt die geschikt zijn voor kwantitatieve analyse. Daarvoor zijn twee aspecten van belang: (1) de cliëntengroep moet voldoende groot zijn (van een groepje van vijf of tien cliënten hoef je geen kwantitatieve analyse te maken, die levert weinig op), en (2) ga na of deze groep te identificeren is in de administratieve gegevens. Het lijkt een open deur, maar de ervaring leert dat je er soms flink naast kunt zitten. Dat wil je liever vroeger dan later weten. Zo maakten wij mee dat men een vraag had over cliënten die voor een nicotineverslaving in behandeling waren geweest. Zij volgden, net zoals de cliënten die aan alcohol of andere middelen verslaafd waren, een bepaald behandelprotocol. De vraag was of dit behandelprotocol vergelijkbare resultaten voor deze groep cliënten opleverde. We staken tijd in een projectplan en een planning, maar toen we uiteindelijk van start gingen, bleek dat de cliënten onvindbaar waren in de systemen. Van oudsher werd roken binnen de verslavingszorg (en de maatschappij) niet echt als een verslavingsprobleem gezien. Verschuivingen daarin had inmiddels wél gezorgd voor het aanbieden van behandelingen aan rokers die hier vanaf wilden, maar dit had niet geresulteerd in een administratie die hierbij aansloot. De doelgroep waarin we geïnteresseerd waren, was niet terug te halen, en de vraag moest onbeantwoord blijven.

10.4 · Data uit de praktijk: handreikingen voor analyse

◼ **Tabel 10.1**   Stappen voor onttrekken en analyseren van data

stap	voorbeeld/toelichting
1. formuleer een vraagstelling: op welk vraagstuk of probleem moeten de data antwoord geven?	voorbeeldvraagstellingen: – wat zijn de uitkomsten van locatie A en B, en in hoeverre verschillen die van elkaar? – wat zijn de uitkomsten van cliënten na vijf behandelsessies? – heeft het verkorten van de wachttijd een gunstige invloed op de behandeluitkomsten?
2. ga na of voor de cliëntengroepen uit de vraagstelling gegevens beschikbaar zijn	wordt deze informatie ergens vastgelegd in de systemen? bekijk in het geval van uitkomsten de respons op de ROM-metingen

3. bepaal in detail welke informatie nodig is om deze vraag te beantwoorden:
– bepaal de variabelen/indicatoren uit de vraagstelling;
– bepaal de periode waarop de data betrekking moeten hebben;
– bepaal andere informatie die nodig is om de vraag te beantwoorden (locatiegegevens, cliëntgegevens, hulpverlenersgegevens)
	voorbeelden van aanvullende informatie:
	– locaties;
	– soort uitkomsten (bijv. klachten, kwaliteit van leven, tevredenheid);
	– gegevens uit zorgadministratie:
	  – behandelsessies;
	  – wachttijden;
	  – cliëntkenmerken;
	  – hulpverlenerskenmerken

4. stel een bestand samen met bovenstaande gegevens	via de afdeling informatievoorziening of onderzoek via de softwareleverancier; doorgaans betreft het de volgende typen gegevens: – biografische en demografische cliëntkenmerken; – klinische cliëntkenmerken (diagnose, zorgvraagzwaarte); – zorgconsumptiegegevens (data en soort behandelcontacten, gegevens over hulpverlener); – uitkomst- en/of tevredenheidsgegevens (begin- en startmetingen, metingen per sessie)
5. schoon het bestand op: – bepaal in- en exclusie van cliënten; – identificeer fouten en herstel deze	bepaal bijvoorbeeld: – over welke cliënten het gaat (bijv. behandeling afgesloten of niet); – wanneer een cliënt bij de locatie hoort (bijv. geen behandeling elders); – hoeveel meetmomenten je minimaal wilt hebben van een cliënt (bv. minimaal begin en eind); – welke informatie je minimaal wilt hebben van cliënten (bv. altijd leeftijd, geslacht en diagnose); voorbeelden van een fout: – onmogelijke geboortedatum; – score die volgens de handleiding van de vragenlijst niet kan

Tabel 10.1 Vervolg

stap	voorbeeld/toelichting
6. bepaal voor dit bestand van hoeveel procent de voor jouw vraagstelling relevante informatie beschikbaar is. Kijk naar de volgende soorten informatie: – cliëntkenmerken (vaak contextueel); – zorgconsumptiedata; – uitkomsten	bijvoorbeeld: – van hoeveel procent is er een score op de klachtenlijst beschikbaar? – van hoeveel procent is alle informatie over behandelcontracten beschikbaar? – van hoeveel procent is contextuele informatie beschikbaar?
7. maak een inschatting van de kwaliteit van deze dataset: – zijn er belangrijke aspecten waarop de cliënten van wie je geen volledige informatie hebt, verschillen van hen waarvan je die wel hebt? – kun je er (statistisch) voor corrigeren? – zo nee, heb je een idee op welke manier ze de resultaten (dus het antwoord van je vraagstelling) kunnen beïnvloeden?	
bij 'ja' op de eerste vraag: ga analyseren, maak zo snel mogelijk een mooi rapport en kijk of je verbeterplannen kunt smeden	het advies samenvatten in een flowchart met voorbeelden

3. Stel, het aantal cliënten en de afdeling waarover je vraag gaat, zijn groot genoeg én te identificeren, kijk dan in detail naar de vraagstelling bij punt 1. Welke informatie heb je nodig om die te beantwoorden? Welke cliëntkenmerken (zoals leeftijd, diagnose of geslacht) zijn van belang, over welke periode moet het gaan, heb je informatie over de behandeling zelf (zoals aantal sessies, aanmelddatum of de exacte datum van de sessies om de doorlooptijd te berekenen), en in welke uitkomsten (zoals klachten, kwaliteit van leven, tevredenheid) ben je geïnteresseerd?
4. Maak vervolgens zo snel mogelijk een (test)bestand. Doe dat zelfs al wanneer je punt 3 nog niet helemaal helder hebt. Hoe geavanceerd de EPD's en ROM-systemen er inmiddels ook uitzien, er zijn legio voorbeelden van situaties waarin het lang duurt om via de softwareleverancier of afdeling informatievoorziening een goed bestand te krijgen. Dat is geen onwil of onkunde, maar eerder een zaak van capaciteit en – belangrijker – afstemming: bepaalde informatie is vaak in meerdere vormen beschikbaar, definities zijn niet altijd helder, en ook zul je merken dat de opgevraagde data toch niet de informatie bezitten die je dacht dat ze bezaten. Het is een kwestie van twee werelden (die

van de behandeling en die van ICT) die even op elkaar moeten afstemmen. Voorbeelden uit onze eigen ervaring zijn inschrijfdata die niet de start van een behandeling bleken te representeren (dat heette namelijk 'intakedatum').
5. Inspecteer dit bestand vervolgens zo snel mogelijk op onvolkomenheden. Begin met de gegevens die het belangrijkst zijn voor je vraagstelling. Als bijvoorbeeld leeftijd daarin een belangrijk element is, onderzoek dan of dat aanwezig is in het bestand (of tenminste een geboortedatum om de leeftijd mee te berekenen). Doe een paar steekproeven in het bestand om bepaalde gegevens op correctheid te controleren. Binnen een poli voor angststoornissen kun je bijvoorbeeld bekijken of het merendeel van de diagnoses in de dataset die stoornis betreffen, en als dat niet zo is, kun je uitzoeken wat er aan de hand is. Een voor de hand liggende verklaring wanneer het laatste het geval is, is dat je in plaats van de primaire diagnose de nevendiagnoses te pakken hebt.
6. De laatste twee stappen betreffen het verder inspecteren van de kwaliteit van de gegevens om zo te beslissen of je verdergaat of dat je je doel- of vraagstelling moet aanpassen aan de beschikbare gegevens. Bekijk in deze stap van hoeveel procent er geldige gegevens beschikbaar zijn. Doe dit voor gegevens over cliëntkenmerken, eventuele zorgconsumptiegegevens en uitkomstgegevens.
7. Beslis vervolgens of dit voldoende is. Kijk daarvoor naar percentages (kun je met deze gegevens voldoende zeggen over de groep waarin je geïnteresseerd bent?), naar een eventuele inbalans tussen de groep waarover je wel iets hebt en waarover niet (bijvoorbeeld niet alleen van vrouwen of jonge mensen uitkomsten beschikbaar), maar ook naar absolute aantallen. In methodologische termen betreft dit indicaties van representativiteit en power. Aangezien het hier geen randomized trials en beslissingen over leven of dood zijn, zijn uitgebreide power-analyses niet perse aan de orde, maar je moet wel enige orde van grootte hebben (enkele tientallen cliënten waarover je goede informatie hebt) om iets kwantitatiefs te kunnen zeggen. Vraag bij twijfel methodologisch advies.

10.5 Uitkomsten presenteren

Niemand zit te wachten op lange rapporten met grote tabellen. De verleiding om die wel te maken is groot, zeker wanneer je je bezig hebt gehouden met het onttrekken en analyseren van data. De datasets bevatten vaak zeer veel variabelen, en deze informatie nodigt uit tot het onderzoeken van allerlei dwarsverbanden. De uitdaging is juist om de zaken zo compact mogelijk en toegespitst op de vraag aan te bieden.

Uit ervaring weten we dat je je er bij het presenteren van de gegevens en de bevindingen aan teams of beleidsmakers bewust van moet zijn dat zij die voor het eerst zien. Het is al snel te veel en te ingewikkeld. Bereid je ook voor op kritische of verhelderende vragen over de gegevens – mensen moeten tenslotte door de vier stadia van coping (van taseki naar jiseki) heen. Het heeft echt toegevoegde waarde om de tijd te nemen voor uitleg van de gegevens en de betekenis daarvan.

Een grafische weergave van de resultaten heeft de voorkeur. Dat kan in grafieken of staafdiagrammen. Bij benchmarking ligt het maken van een rangordening voor de hand, zodat iedereen ziet op welke positie die staat en zodat zichtbaar is wat haalbaar is. Een andere, genuanceerdere vorm van presenteren is een funnelplot. Dat is een (vaak trechtervormige) puntenwolk, waarin de punten de teams of organisaties representeren en de uitkomsten (of de variabele waarin je geïnteresseerd bent) op de ene as staan en de grootte van de steekproef of onderzoeksgroep op de andere as. Of een eenheid significant van het gemiddelde afwijkt is te zien aan de grenzen voor betrouwbaarheid die er om heen getekend staan. Een voordeel van een funnelplot is dat deze rekening houdt met de steekproefgrootte en daarmee met de spreiding; een nadeel is dat hij meer de nadruk legt op het gemiddelde, wat de ambities wat kan temperen (Barendregt 2017). Ook zul je bij een funnelplot meer uit te leggen hebben dan bij een rangordelijstjes: met dat laatste fenomeen zijn mensen vaak beter bekend.

Een laatste handreiking betreft de vorm van de presentatie. Wees daarin zo interactief mogelijk. Laat mensen cijfers voorspellen of aangeven welke score ze zouden willen hebben of minimaal acceptabel vinden. Vraag vervolgens of ze de cijfers herkennen, of ze er voorbeelden uit hun dagelijkse praktijk in herkennen, en of ze ze goed genoeg vinden. Het ontlokken of stimuleren van verbeterplannen is pas aan de orde als men in het stadium van het accepteren van de cijfers is beland (stadium 3 of 4), maar niet eerder (Oudejans et al. 2011).

10.6 In actie komen

Hoe goed je ook bent en hoe geavanceerd je methoden ook zijn, er zal altijd ruimte voor verbetering of verandering zijn. De omstandigheden, de maatschappij of de verwachtingen veranderen, je krijgt een andere cliëntgroep of er wordt een nieuwe richtlijn of standaard gelanceerd. Goed kwaliteitsmanagement is daarop gericht, en benchmarken op uitkomsten kan een signaal afgeven dat er onderdelen van je praktijk of organisatie zijn die om aandacht vragen. Eerder hebben we gezien hoe je nu met je eigen, interne data aan de slag kunt, maar hierna geven we enkele handreikingen voor het bekijken en onderzoeken van praktijkvariatie als je die eenmaal vastgesteld hebt. Want waar kunnen de oorzaken daarvan liggen, en hoe kom je vervolgens tot een verandering?

10.6.1 Uitkomsten, cliënten, proces en structuur

Van uitkomsten alleen gaat doorgaans geen belangrijke prikkel tot verandering in zorggedrag uit, zo is de ervaring (Oudejans 2009). Zij leveren onvoldoende concrete aanwijzingen op voor wat er veranderd kan en moet worden. Er valt meer te verwachten van een combinatie met een terugkoppeling over onderling en in de tijd variërende, en makkelijker te beïnvloeden factoren. Grofweg kan variatie in behandeluitkomsten verklaard worden door vier factoren (Barendregt 2017). Ten eerste zijn daar cliëntkenmerken. Sommige cliënten genezen makkelijker dan andere, en bij een vergelijking van teams, organisaties of zelfs tijdsperioden (bij intern benchmarken) kunnen verschillen in de behandelde populatie tot gevolg hebben dat er verschillen in behandeluitkomst zijn. Ten tweede zijn daar meetkenmerken, waarvan het meest voor de hand liggende het gebruik van verschillende

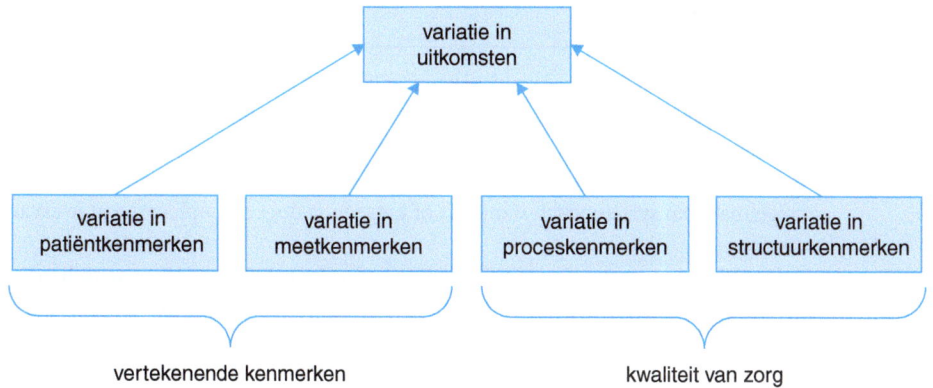

Figuur 10.1 Model voor oorzaken van variatie in uitkomsten. Bron: Barendregt (2017)

meetinstrumenten is. Maar ook verschillen in tijdstip van meting, wie de vragenlijst invult of verschillen in de administratie van cliënteninformatie behoren daartoe. Zoals in fig. 10.1 is te zien, zijn dat kenmerken die voor vertekening kunnen zorgen. Dat is bij een vergelijking van uitkomsten onwenselijk. Met stratificatie of casemix-correctie kan vertekening van cliëntkenmerken (grotendeels) ondervangen worden, en variatie door meetkenmerken moet geëlimineerd worden door een zo uniform mogelijke meetmethodologie te hanteren (Blijd-Hoogewys 2017; Warmerdam 2017a).

De twee andere kenmerken, die wel raakvlakken hebben met de kwaliteit van zorg, zijn proceskenmerken en structuurkenmerken. Variatie daarin is een potentiële bron om van te leren. Proceskenmerken zeggen iets over de wijze waarop de zorg wordt uitgevoerd, zoals het al dan niet toepassen van richtlijnen, de duur van de wachttijd of het aantal sessies dat een cliënt heeft gevolgd. Structuurkenmerken betreffen de omstandigheden waaronder de zorg is verleend, zoals de hoeveelheid en de samenstelling van het personeel, maar ook zaken als gebouwen of (aantal) locaties. Kenmerken van de keten, dus de manier waarop de zorg is georganiseerd, behoren ook tot de structuurkenmerken.

Om vervolgens binnen deze proces- en structuurkenmerken op zoek te gaan naar relevante onderwerpen is het wellicht aardig om te kijken naar de eerder genoemde clinical support tools voor ROM in de behandelkamer. In het ROM-systeem van Michael Lambert (de ontwikkelaar van de OQ-45) wordt aanbevolen om bij achterblijvende individuele uitkomsten verder te onderzoeken hoe het gesteld is met de therapeutische alliantie, de motivatie, belangrijke levensgebeurtenissen in het leven van de cliënt en sociale steun (Harmon et al. 2005; Slade et al. 2008). Deze tools bieden aanknopingspunten voor het verbeteren van de behandelresultaten. Hetzelfde kan gedaan worden bij opvallende of achterblijvende geaggregeerde uitkomsten bij leren en benchmarken: wat is er aan de hand, wat kunnen we opsteken van dit signaal? Vragen over team- of organisatie-uitkomsten in de lijn van bovenstaande processen zijn dan bijvoorbeeld: zijn er cliënten die vroegtijdig uitvallen, is de bejegening op orde, volgen de hulpverleners de protocollen en de richtlijnen, is er iets belangrijks gebeurd in de organisatie of het team, of is er iets aan de hand in de keten?

10.6.2 Veranderen

Als je vervolgens iets aan de uitkomsten wilt doen, krijg je te maken met kwaliteits- en verandermanagement. Dat kun je relatief overzichtelijk doen door gebruik te maken van een plan-do-check-act- (PDCA-) cyclus of door je te verdiepen in verandermethodieken als Lean of Agile. Wat je ook doet, de kern van de zaak is dat je regelmatig en systematisch monitort of hetgeen je doet nog oplevert wat je ervan verwacht.

De PDCA spreekt aan, omdat deze cyclus aansluit op de wetenschappelijke methode (Barendregt 2017): voor de oplossing van een probleem wordt een vermoeden opgesteld (de hypothese), waaruit een empirisch meetbaar gevolg wordt afgeleid (deductie). Een voorbeeld is het vermoeden dat bij sommige cliënten aandacht voor coping en positieve gezondheid beter kan werken dan puur klachtgericht behandelen. Deze gedachte zou dan vertaald kunnen worden in een nieuwe behandelvisie, en als die wordt uitgevoerd door de hulpverleners kun je de gevolgen zien. Het empirisch meetbare gevolg daarvan kan dan zijn dat de uitkomsten op klachten (zoals bijvoorbeeld gemeten met de Symptomatische Distress-schaal van de OQ-45) van dat betreffende team niet slechter zijn geworden, en uitkomsten op het gebied van positieve gezondheid en coping (gemeten met bijvoorbeeld de schalen Interpersoonlijke Relaties of Sociale Rol van hetzelfde instrument) zijn verbeterd ten opzichte van de periode dat er nog klachtgericht behandeld werd. Dit is een voorbeeld van benchmarken in de tijd, maar een andere mogelijkheid is om teams die verschillen in behandelvisie op deze manier te vergelijken (en daarbij rekening te houden met cliëntverschillen!).

De gevolgen toets je, waarna het vermoeden wordt verworpen, bekrachtigd of verder uitgewerkt en verfijnd. In termen van PDCA is het vermoeden het Plan, het uitvoeren – het liefst op kleine schaal – het Do, het toetsen van het vermoeden via monitoring van uitkomsten de Check, en de verwerping, bekrachtiging of verfijning de Act.

10.6.3 Voorbeelden

Inmiddels zijn er volop voorbeelden van verbetering aan de hand van feedback en monitoring op basis van geaggregeerde uitkomsten, zowel binnen als buiten de ggz.

Bij de Benchmark Leefstijltraining Verslavingszorg daalde het aantal patiënten met overmatig middelengebruik in de loop van de tijd. Vergelijking van uitkomstgegevens in de loop van de tijd en met de zusterinstellingen leidde geleidelijk tot verbeterplannen, zoals het aanpakken van overconsumptie van sessies en het aanpakken van de wachtlijstproblematiek. Overall, bij alle deelnemende aanbieders, nam het percentage overmatig gebruikende cliënten tussen 2005 en 2009 af van 54,6 % naar 46,7 % (Oudejans et al. 2012; Oudejans et al. 2011). Bij een team dat zijn indicatieprotocol onder de loep nam naar aanleiding van de hoge percentages drop-out (in sommige jaren boven de 55 %, met een piek boven de 60 %), daalde het percentage uiteindelijk naar 39 % (Oudejans et al. 2011).

Meer recente voorbeelden zijn van GGz Breburg, Dimence Groep en Arkin. Eerstgenoemde is zeer actief op dit gebied. Er is veel aandacht voor regelmatige metingen en terugkoppelingen aan cliënt en behandelaar ten behoeve van bijsturing én gedeelde besluitvorming. Daarnaast krijgen de programmaraden uitgebreide rapportages met geaggregeerde gegevens over zorguitkomsten én procesfactoren op regioniveau (genaamd 'Onze zorg in maat en getal'). Die rapportages bevatten kenmerken van de populatie, behandelduur, de trends in herstel als gevolg van de behandeling en de gemiddelde kosten. De rapportages worden gezien als motor van de verbetercyclus, terwijl het betrekken van kosten past binnen het bieden van waardegedreven zorg. Eén succesverhaal als gevolg hiervan is het opzetten van een intensief programma, het intensief monitoren van uitkomsten gedurende de behandeling binnen dat programma, én het intensief monitoren van de geaggregeerde resultaten. Die lieten een behoorlijke verbetering van de uitkomsten zien ten opzichte van de situatie voordat het programma in haar nieuwe vorm van start ging. GGz Breburg is actief om behandelduur en kosten terug te brengen, samen met het verder verbeteren van de uitkomsten en cliënttevredenheid. De Dimence Groep beschikt over een data-warehouse dat heel veel geautomatiseerde systemen integreert. Daardoor is snel en frequent terugkoppelen van uitkomsten op team- of afdelingsniveau mogelijk (de Groot 2016). Arkin heeft haar behandeling voor depressie verbeterd door samen te werken met een instelling die betere resultaten behaalde voor deze doelgroep, zoals te zien is in de nieuwjaarsvideo van SBG (▶https://youtu.be/y4nc0u05NjA?t=79). Een ander voorbeeld is HSK, waar al jaren gestuurd wordt op uitkomsten en overzichten per team en zelfs op hulpverlenersniveau (Verbraak et al. 2015). Invoering van hun 'interne kwalitatieve benchmark' ging niet zonder slaag of stoot, maar de organisatie heeft een veilige omgeving weten te creëren, wat er inmiddels toe heeft geleid dat hulpverleners uitkijken naar hun geaggregeerde resultaten na de bespreking daarvan.

Voorbeelden buiten de ggz zijn de Santeon-ziekenhuizen, het Dutch Institute for Clinical Auditing (dica; ▶www.dica.nl) en de Nederlandse Vereniging voor Obstetrie. De Santeon-ziekenhuizen zijn nu drie jaar actief in het programma Zorg voor Uitkomst (Bosch et al. 2016). Hoewel concrete verbetercijfers nog niet gepresenteerd worden, zijn zij wel in staat zich met enthousiasme en elan te presenteren met onder andere cijfers over de Santeon-groep als geheel, en wordt benadrukt dat het programma artsen én patiënten elke twee maanden om tafel krijgt om de uitkomsten en mogelijke verbeteringen te bediscussiëren. Bij de eerstgenoemde leidde benchmarking tot 55 % minder sterfte na maagkankeroperaties, de tweede partij ervoer dat de vergeleken IVF-centra zelfs de best practices nog wisten te verbeteren.

Uitkomsten terugkoppelen met motiverende gespreksvoering

11.1	Inleiding – 102

11.2	Wat is motiverende gespreksvoering – 103
11.2.1	Spirit – 103
11.2.2	Gespreksvaardigheden – 104
11.2.3	Verandertaal – 105
11.2.4	Evidentie voor motiverende gespreksvoering – 106

11.3	Motiverende gespreksvoering en ROM – 106
11.3.1	Spirit – 106
11.3.2	Gespreksvaardigheden – 107
11.3.3	Ontlokken verandertaal – 110
11.3.4	En wat komt daarna? – 110

11.4	De praktijk – 111
11.4.1	Voorbeeld terugkoppeling eerste meting – 112
11.4.2	Voorbeeld terugkoppeling vervolgmeting – 115

11.5	Ten slotte – 118

Maarten J. M. Merkx, Ellis Baron, Suzan Oudejans en Masha Spits

© Bohn Stafleu van Loghum, onderdeel van Springer Media B.V. 2018
S. Oudejans en M. Spits, *Snel succes met ROM*, DOI 10.1007/978-90-368-1726-4_11

11.1 Inleiding

Een behandelproces is te verdelen in vier stappen, namelijk: (1) aanmelding en intake, (2) indicatiestelling, (3) zorgtoewijzing en opstellen behandelplan, en (4) bewaken en/of bijstellen van de indicatiestelling en het daaraan gekoppelde behandelplan (Merkx 2016; Merkx et al. 2002; Sobell en Sobell 2000; Verbraak en Hoogduin 2013). In wezen is het behandelproces een cyclisch proces: gedurende de behandeling wordt op gezette tijden de voortgang van de behandeling geëvalueerd, en indien noodzakelijk worden de indicatiestelling en het behandelplan bijgesteld. Het behandelproces bevat dus een zogenaamd zelfcorrigerend principe. Dit zelfcorrigerende principe staat in dienst van het effectief en efficiënt behandelen van cliënten en dan met name van die cliënten die niet conform de verwachtingen profiteren van een evidencebased behandeling (Haaga 2000; Merkx 2016; Verbraak en Hoogduin 2013). Het bewaken en bijstellen van de indicatiestelling en het behandelplan is ook terug te vinden in verschillende multidisciplinaire richtlijnen (Spijker et al. 2013). Belangrijke vragen waarop een antwoord gegeven dient te worden zijn:

- Levert de behandeling het beoogde en verwachte resultaat op (Verbraak en Hoogduin 2013)?
- Ligt de behandeling in lijn met het behandelplan, gebaseerd op de classificatie gesteld tijdens de intake en de aanvullende taxatie (Broeke et al. 2011)?

Hulpverleners weten vaak wel dat het belangrijk is om behandelresultaten met de cliënt te bespreken. 'Maar hoe moet dat dan?', of 'Hoe doe je dat dan?' zijn dan vaak gehoorde verzuchtingen. Een methode die goed beschrijft hoe objectief gemeten behandelresultaten teruggekoppeld kunnen worden is de gespreksmethodiek motiverende gespreksvoering (Miller et al. 2014). Met name de op deze methodiek gebaseerde kortdurende motiverende interventie geeft expliciete handvatten voor de wijze waarop objectief verzamelde informatie over het behandelbeloop teruggekoppeld kan worden aan de cliënt.

Wat is een kortdurende motiverende interventie? Kortdurende motiverende interventies richten zich op verandering van ongezond of risicovol gedrag, zoals rookgedrag, lichamelijke inactiviteit bij overgewicht, het dragen van niet goed beschermend schoeisel bij diabetes of onvoldoende medicatietrouw bij somatische en psychische problematiek. Zij richten zich over het algemeen op problematisch gedrag zonder dat er sprake is van een daadwerkelijke somatische of psychische stoornis. Onderdeel van deze interventies is een objectief meetinstrument, vaak een vragenlijst, die de cliënt helpt om het probleemgedrag in kaart te brengen. Vervolgens wordt de uitslag van deze vragenlijst met de cliënt besproken, met als doel de cliënt te motiveren tot gedragsverandering. De wijze waarop de uitkomst besproken wordt, kan ook toegepast worden bij het bespreken van de uitkomsten van een behandeling, met als bijkomend doel het verhogen van de motivatie tot verandering.

Motiverende gespreksvoering (MGV) wordt gezien als een van de innovatiefste en snelst groeiende psychologische behandelmethodieken. MGV heeft een goede wetenschappelijke onderbouwing, zowel in de geestelijke als de somatische gezondheidszorg (Baron et al. 2015). In dit hoofdstuk beschrijven we hoe MGV als gespreksmethodiek toegepast kan worden bij het terugkoppelen van uitkomsten in het kader van Routine Outcome Monitoring. In ▶ par. 11.2 beschrijven we kort

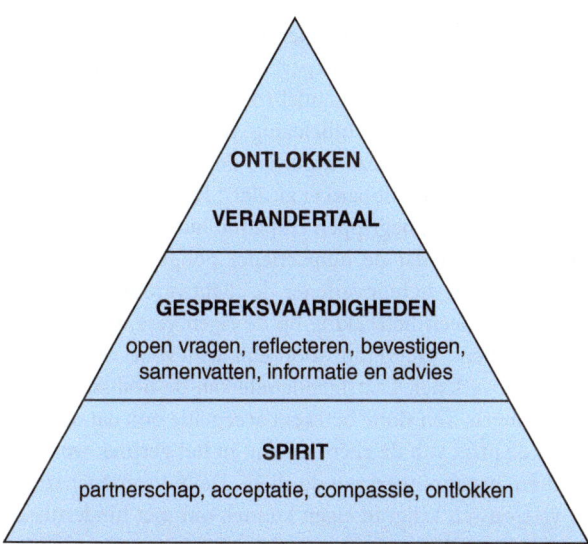

Figuur 11.1 Elementen van motiverende gespreksvoering

wat MGV is. De paragraaf sluit af met een zeer beknopt overzicht van de evidentie voor MGV en kortdurende motiverende interventies. In ▶par. 11.3 beschrijven we die aspecten van MGV die volgens ons helpend zijn bij het terugkoppelen van behandelresultaten naar een cliënt. Tot slot volgt in ▶par. 11.4 een voorbeeld van de terugkoppeling van een eerste en van een vervolgmeting.

11.2 Wat is motiverende gespreksvoering

Wat is nu precies motiverende gespreksvoering? MGV is een directieve en op samenwerking gerichte gespreksmethodiek, waarbij uitspraken aan de cliënt worden ontlokt die gaan over verandering (Baron et al. 2015). Doel van MGV is om de persoonlijke motivatie voor en commitment aan verandering te vergroten (Miller et al. 2014). Uitspraken van de cliënt die gaan over verandering worden verandertaal genoemd. De proportie uitgesproken verandertaal blijkt verandering te voorspellen (Amrhein et al. 2003; Moyers et al. 2007; Vader et al. 2010).

Aan de basis van MGV ligt de grondhouding die leidend is voor een goede toepassing in de praktijk. Deze grondhouding wordt de spirit van MGV genoemd. Hieraan gekoppeld zijn basisgespreksvaardigheden (open vragen, reflecteren, bevestigen, samenvatten en het geven van informatie en advies), die deze spirit ondersteunen. Deze gespreksvaardigheden worden vervolgens doelgericht ingezet om verandertaal te ontlokken bij de cliënt (fig. 11.1).

11.2.1 Spirit

De grondhouding van MGV, de zogenoemde spirit, bevat verschillende elementen die belangrijk zijn voor goede en constructieve communicatie met een cliënt. Deze elementen zijn partnerschap, acceptatie, compassie en ontlokken.

Partnerschap betekent dat cliënt en hulpverlener samenwerken. Beiden zijn experts op hun eigen gebied. De hulpverlener is expert op het gebied van diagnostiek, medische kennis, psychopathologie en behandel-(on)mogelijkheden. De cliënt is expert op het gebied van diens eigen klachtbeleving, verandermogelijkheden, voorkeuren en drijfveren. Activering van deze expertise door de hulpverlener is een sleutelvoorwaarde voor verandering (Hibbard et al. 2007; Hibbard et al. 2004).

Aan acceptatie (Rogers 1959) zijn de begrippen empathie, autonomie en bevestiging verbonden. Empathie betekent dat de hulpverlener poogt het perspectief van de cliënt te begrijpen zonder dat de hulpverlener de cliënt veroordeelt, bekritiseert of beschuldigt. Autonomie heeft betrekking op de eigen verantwoordelijkheid en keuzevrijheid van de cliënt. De verantwoordelijkheid voor verandering ligt bij de cliënt, niet bij de hulpverlener. Laatstgenoemde kan de beslissing enkel ondersteunen, maar niet afdwingen. Ten slotte betekent acceptatie ook dat de hulpverlener de sterke kanten en de inzet van de cliënt erkent. In het gesprek wordt de nadruk gelegd op de kracht en inspanningen van de cliënt. De hulpverlener streeft ernaar dat de cliënt meer vertrouwen krijgt in eigen kunnen om met hindernissen om te gaan zodat de cliënt daadwerkelijk verandert.

Compassie houdt in dat de hulpverlener zich actief inzet om het welbevinden van de cliënt te verbeteren en zich niet laat leiden door allerlei eigen belangen die een actieve inzet in de weg staan.

Het laatste element, ontlokken, is gerelateerd aan het ontlokken aan de cliënt van eigen motieven, doelen en waarden, en een eigen zienswijze op verandering. Dit activeert de al aanwezige (soms minimale) motivatie voor verandering.

11.2.2 Gespreksvaardigheden

MGV onderscheidt vijf gespreksvaardigheden, namelijk het stellen van open vragen, reflectief luisteren, bevestigen, samenvatten en het geven van informatie en advies. Deze vaardigheden worden per proces strategisch ingezet om het aan het proces gekoppelde doel te halen. Elke hulpverlener weet dat het stellen van open vragen belangrijk is, maar veel hulpverleners worstelen met deze vaardigheid.

Reflectief luisteren is een belangrijke basisvaardigheid in MGV. De mate en kwaliteit van de reflecties is gerelateerd aan succesvolle verandering (Miller en Baca 1983; Moyers et al. 2016). Een reflectie is een verbale interpretatie van de hulpverlener van wat de cliënt bedoelt, maar niet uitspreekt. Een reflectie stemt de cliënt tot nadenken en nodigt de cliënt uit om diens cognities en emoties misschien anders te verwoorden of te preciseren. Een reflectie wordt gegeven in de vorm van een bewering ('U ervaart uw klachten als een belemmering') en niet als een gesloten vraag ('Begrijp ik goed dat u uw klachten ervaart als een belemmering?'). Het verschil tussen een vraag en een reflectie is de stembuiging. Bij een vraag gaat de toon van de stem iets omhoog, en bij een reflectie buigt de stem aan het einde iets naar beneden.

Bevestigen wordt ingezet als waardering voor de inspanningen van de cliënt. De hulpverlener gebruikt bevestigen om de sterke kanten van de cliënt, diens vaardigheden, goede wil en inzet te benadrukken.

Een samenvatting geeft weer wat de cliënt heeft verteld en structureert het gesprek. Zij markeert bijvoorbeeld de overgang tussen verschillende onderdelen van een behandelprotocol, of fungeert als afsluiting van een behandelcontact. Een samenvatting wordt ook gebruikt om de link te leggen tussen wat eerder aan de orde kwam en wat nu besproken wordt.

MGV is de enige gespreksmethodiek die het geven van informatie en advies als basisgespreksvaardigheid bestempelt. MGV beschrijft de wijze waarop informatie en advies gegeven wordt. MGV staat een drietrapsraket voor: ontlokken – aanbieden – ontlokken (O-A-O). Eerst ontlokt de hulpverlener kennis aan de cliënt over bijvoorbeeld het probleem, de stoornis, mogelijke behandelopties of in stand houdende factoren van de klachten. Vervolgens vraagt de hulpverlener toestemming om informatie te geven. De tweede trap, aanbieden, is dat de hulpverlener objectieve informatie geeft, en deze informatie is aanvullend op dat wat de cliënt al weet. In de derde trap, ontlokken, vraagt de hulpverlener aan de cliënt wat deze herkent of laat hij de cliënt nadenken of de gegeven informatie op hem van toepassing is. De hulpverlener zorgt er op deze wijze voor dat de cliënt de gegeven informatie actief verwerkt, zodat de cliënt daadwerkelijk snapt op welke wijze de informatie op hem van toepassing is.

11.2.3 Verandertaal

Verandertaal zijn uitspraken van de cliënt die gerelateerd zijn aan de gedragsverandering of de interventies die helpen om de gedragsverandering te bewerkstelligen. Zowel de hoeveelheid uitgesproken verandertaal alsmede de verhouding verandertaal en behoudtaal (uitspraken van de cliënt die pleiten tegen verandering) zijn voorspellend voor daadwerkelijke verandering (Amrhein et al. 2003; Gaume et al. 2008; Hodgins et al. 2009; McCambridge en Strang 2004; Moyers et al. 2007).

Miller en Rollnick (2014) beschrijven een aantal strategieën om verandertaal doelgericht te ontlokken aan de cliënt. De makkelijkste strategie is het stellen van open vragen waar verandertaal het antwoord op is, bijvoorbeeld: 'Als u uw klachten bekijkt, van welke klachten hoopt u dan dat ze na behandeling fors afgenomen zijn?' Een andere strategie is om te bespreken welke eerdere succeservaringen cliënt heeft met verandering en hoe deze ervaringen hem nu kunnen helpen om de verandering te bewerkstelligen: 'Waarvan was u bij aanvang van de behandeling niet zeker of u het kon, maar hebt u toch voor elkaar gekregen?' In het verlengde hiervan ligt het bespreken van de toekomstverwachtingen van de cliënt mocht het hem lukken om te veranderen. Een voorbeeld is: 'Stel, het lukt u om uw klachten te verminderen, wat zou u dan weer kunnen doen wat u nu niet meer kunt?' Ook het bespreken van de voordelen van veranderen en de nadelen van niet veranderen kan verandertaal ontlokken aan de cliënt. Bijvoorbeeld: 'Wat zou het u kunnen opleveren wanneer u anders leert omgaan met negatieve gedachtes?' Of: 'Stel, u besluit niets te veranderen aan uw angstklachten, wat is voor u daar een nadeel van?' Een laatste strategie is het inzetten van de zogenaamde schaalvragen. Cliënt wordt gevraagd om op een schaal van 0 tot 10 aan te geven wat het belang is van veranderen of hoeveel vertrouwen die heeft dat het lukt om te veranderen. Het bespreken van het gegeven cijfer kan gebruikt worden om verandertaal te ontlokken.

Op het moment dat de hulpverlener de cliënt verandertaal hoort uitspreken, wordt er met behulp van open vragen in de trant van 'Wat bedoelt u precies?' of met behulp van reflecties op gereageerd. De cliënt wordt als het ware verleid om zichzelf te overtuigen dat verandering wenselijk, belangrijk en haalbaar is. Voor meer expliciete voorbeelden verwijzen we naar ▶ par. 11.3.

11.2.4 Evidentie voor motiverende gespreksvoering

In oorsprong is MGV ontwikkeld voor het veranderen van problematisch alcoholgebruik. De effectiviteit op dat gebied, maar ook bij problematisch gebruik van andere middelen, wordt inmiddels breed gedragen door onderzoek (Brown en Miller 1993; Miller en Wilbourne 2002; Smedslund et al. 2011). MGV heeft zijn effectiviteit ook bewezen op andere gebieden in de gezondheidszorg, zoals bij cliënten met eetstoornissen en bij het bevorderen van dieetmaatregelen bij diabetes mellitus, veilig vrijen, meer bewegen en medicatietrouw (Heckman et al. 2010; Hettema et al. 2005; O'Halloran et al. 2014; Rubak et al. 2005; Thompson et al. 2011; Treasure et al. 1999). Het effect van MGV is weliswaar bescheiden, maar wel significant (Baron et al. 2015).

11.3 Motiverende gespreksvoering en ROM

MGV en ROM kunnen elkaar versterken wanneer de uitkomsten op een duodanige manier worden besproken dat de motivatie van de cliënt om te veranderen of zich te committeren aan de behandeling wordt versterkt. In deze paragraaf zal aan de hand van de verschillende elementen van MGV beschreven worden hoe MGV toegepast kan worden bij ROM.

11.3.1 Spirit

Het bespreken van de behandeluitkomsten sluit goed aan bij de basishouding, de spirit, van MGV. De expertise van de cliënt krijgt een nadrukkelijke rol. ROM benadrukt namelijk primair het belang van de eigen klachtbeleving en de verandering daarin. Door het bespreken hiervan met de cliënt wordt de expertise van de cliënt serieus genomen en krijgt die een centrale plek in het gehele behandelproces. Ook de autonomie van de cliënt wordt sterk benadrukt wanneer ROM een onderdeel wordt van de behandeling. Met het invullen van de vragenlijst geeft de cliënt de benodigde informatie om zo goed mogelijk geholpen te worden, waarmee de cliënt verantwoordelijkheid neemt ten aanzien van de behandeling. De feedback over behandeluitkomsten geeft de mogelijkheid om te bespreken wat de cliënt zelf heeft gedaan dat heeft bijgedragen aan de verbetering of wat de cliënt zelf kan doen ter vermindering van de klachten in de toekomst. Dit biedt tevens de mogelijkheid om de cliënt te bevestigen in diens sterke kanten en/of de inzet die de cliënt heeft getoond.

Respect voor de autonomie van de cliënt komt ook tot uitdrukking in het beoordelen en waarderen van de behandeluitkomsten door de cliënt. Tot slot speelt de autonomie van de cliënt een rol in het samen besluiten hoe het behandeltraject voort te zetten.

11.3.2 Gespreksvaardigheden

De beschreven gespreksvaardigheden open vragen stellen, reflecteren, bevestigen en samenvatten zijn tijdens het terugkoppelen van de behandeluitkomsten voornamelijk gericht op het ontlokken en versterken van verandertaal bij de cliënt. De vaardigheid informatie en advies geven biedt de structuur waarbinnen een terugkoppelingsgesprek vormgegeven kan worden. Aan de hand van de verschillende vaardigheden wordt aangegeven hoe deze toegepast kunnen worden bij ROM in de behandelkamer.

Open vragen stellen

Tijdens het bespreken van de behandeluitkomst is het van groot belang open vragen te stellen. Door het stellen van open vragen in plaats van gesloten vragen geeft de hulpverlener de cliënt de mogelijkheid een beeld te schetsen van de eigen klachtenbeleving en diens gedachtegang rondom een opgetreden verbetering of verslechtering van de klachten. Bovendien stelt het de hulpverlener in staat om de gepresenteerde klachten en/of verandering van klachten in de context van het leven van de cliënt te begrijpen. Doorvragen middels open vragen is daarbij van groot belang (◻tab. 11.1).

Reflecteren

Het belang van reflectief luisteren bij ROM is tweeledig. Ten eerste spoort een reflectie de cliënt aan tot zelfonderzoek. Daarbij heeft de hulpverlener de mogelijkheid te kiezen wat wel of niet gereflecteerd wordt. Hierdoor geeft de hulpverlener richting aan het denkproces van de cliënt. Ten tweede zorgt reflectief luisteren ervoor dat de cliënt nadenkt over diens eigen mogelijkheden tot verandering. Reflecteren is een vorm van actief luisteren en levert diepgang in het gesprek en achterliggende informatie op. Als de cliënt instemmend op een reflectie reageert, dan kan dit bekrachtigend werken. Indien de reflectie niet geheel passend is, zal de cliënt als een soort automatisme zelf verduidelijken wat de cliënt wél bedoelt, waardoor de cliënt zichzelf hoort praten over verandering (◻tab. 11.2).

Bevestigen

Hulpverleners zijn vaak geneigd te kijken naar wat er bij cliënten niet goed gaat en hier aandacht aan te schenken. Juist het bevestigen van inzet, sterke kanten en gewenst gedrag van de cliënt, kan helpen de motivatie voor verandering te verhogen en komt de kwaliteit van de behandelrelatie ten goede (◻tab. 11.3).

Samenvatten

Een samenvatting in het kader van ROM geeft structuur aan het gesprek. Cliënt hoort nog eens de veranderingen die de cliënt zelf bewerkstelligd heeft, welke inspanning gedaan is en welke veranderingen de cliënt nog wil bereiken. Dit kan aangevuld worden met eigen ideeën hoe de cliënt deze veranderingen wil bereiken (◻tab. 11.4).

Informatie en advies geven

Wanneer de hulpverlener de behandeluitkomsten terugkoppelt aan de cliënt biedt deze in wezen objectieve informatie aan over de klachten en/of het verloop van de klachten van de cliënt. De door MGV gebruikte strategie bij het geven van

□ Tabel 11.1 Vragen en doorvragen met open en gesloten vragen

Gesloten vraag	Open vraag	Doorvragen met gesloten vraag	Doorvragen met open vraag
Als u de resultaten zo ziet, herkent u dit dan?	U ziet hier de resultaten. Wat herkent u hiervan?	Merkt u hier iets van in uw dagelijks leven?	Hoe merkt u dit in uw dagelijks leven?
Bent u tevreden met deze veranderingen?	Wat vindt u van deze veranderingen?	Reageert de omgeving ook anders op deze verandering?	Hoe reageert de omgeving op deze veranderingen?
Denkt u dat de behandeling invloed heeft gehad op de verandering van uw klachten?	Wat denkt u dat invloed heeft gehad op de verandering van uw klachten?	Hebt u daar nog iets aan bijgedragen?	Hoe heeft u dit voor elkaar gekregen?
Had u deze verbeteringen verwacht?	Wat vindt u van deze verbeteringen?	Heeft dit ook invloed op uw werk?	Waar merkt u dat aan tijdens uw werk?
Wilt u op de huidige manier doorgaan?	Hoe kijkt u aan tegen voortzetting van de behandeling?	Zijn er bepaalde zaken waar we meer aandacht voor moeten hebben?	Waar zou u meer aandacht voor willen hebben?
Denkt u dat deze behandeling u gaat helpen?	In hoeverre denkt u dat de behandeling u zal helpen om anders met uw klachten om te gaan?	Denkt u dat een ontspanningsoefening u kan helpen om anders met de klachten om te gaan?	Welke onderdelen van de behandeling hebben volgens u meerwaarde?

11.3 · Motiverende Gespreksvoering en ROM

◻ **Tabel 11.2** Reflecteren

Uitspraak van de cliënt	Mogelijke reflecties door hulpverlener
De vooruitgang valt me wat tegen.	U ziet nog mogelijkheden tot verbetering.
	De eerste stap is gezet en u wilt meer resultaat.
	Uw verwachtingen waren anders.
	U had graag sneller resultaat gezien.
	U zou het graag anders willen zien.
	U vindt het tijd voor actie.

◻ **Tabel 11.3** Bevestigen

Bevestiging door hulpverlener op competentie of mogelijkheid
U hebt hard gewerkt met resultaat.
U hebt hier goed over nagedacht.
Ondanks de tegenslagen blijft u het proberen.
Ondanks de energie die het u kostte, is het u gelukt de klachten te verminderen.

◻ **Tabel 11.4** Samenvatten

hulpverlener: We hebben de resultaten besproken. De verbeteringen die we zagen in de lijst herkende u. U gaf aan dat het beter gaat op uw werk, en u voelt zich fitter en actiever. Hierdoor hebt u het idee productiever te zijn op uw werk. Ook thuis merkt u verschil: de sfeer is beter, en u gaf aan dat u denkt dat dit komt omdat u minder somber bent en meer activiteiten onderneemt met uw kinderen. We zagen ook dat een aantal klachten nog niet is verbeterd. Ik heb u hier uitleg over gegeven, en de verwachting is dat ook deze klachten zullen afnemen wanneer we de behandeling voortzetten. U gaf verder nog aan dat u het prettig zou vinden als er iets meer aandacht is voor de huiswerkopdrachten, omdat u het soms lastig vindt deze ook daadwerkelijk in praktijk te brengen. Als u mij dit zo hoort vertellen, wat heb ik dan niet gezegd, maar is voor u wel belangrijk?	samenvatting en open vraag
cliënt: Ik heb ook gezegd dat ik graag iets wil met die onzekerheid.	
hulpverlener: Klopt, u hebt inderdaad aangegeven dat u zelfverzekerder wilt overkomen, met name op het werk, maar ook thuis en in contacten op school. Dit onderwerp heb ik niet genoemd, maar is wel belangrijk.	reflectie en bevestiging

Tabel 11.5	Informatie geven
ontlokken:	– Vraag de cliënt naar diens ervaring met het invullen van de vragenlijst. Of, in het eerste gesprek, in hoeverre de cliënt bekend is met ROM. – Vraag toestemming aan de cliënt om de vragenlijst te bespreken. Of, in het eerste gesprek, om uitleg te geven over de vragenlijst, het waarom ervan en het belang voor de behandeling.
aanbieden:	– Geef objectieve feedback over de resultaten. – Prioriteer en doseer: welke schalen zijn van belang? – Koppel terug in begrijpelijke taal voor de cliënt. – Bespreek uitschieters. – Relateer de scores aan de klachten van de cliënt. – Gebruik de scores ter verklaring van de gestelde diagnose.
ontlokken:	– Ga na hoe de cliënt de behandeluitkomsten interpreteert en wat diens reactie is. – Vraag wat de cliënt herkent of wat die ervan vindt. – Vergroot de motivatie voor verandering door verandertaal te ontlokken.

informatie is: ontlokken – aanbieden – ontlokken. Deze drietrapsraket geeft de hulpverlener structuur en handvatten voor het terugkoppelen van de uitkomsten. De vorm waarin de informatie naar de cliënt kan worden teruggekoppeld wordt in ◼ tab. 11.5 weergeven.

11.3.3 Ontlokken verandertaal

ROM is zeer geschikt voor het ontlokken van verandertaal bij de cliënt. De behandeluitkomsten bieden waardevolle informatie en aanknopingspunten die ingezet kunnen worden ten behoeve van het versterken van de motivatie voor verandering of het vergroten van commitment aan de behandeling. De beschreven gespreksvaardigheden kunnen daarom tijdens het bespreken van de behandeluitkomst, doelgericht ingezet worden om verandertaal te ontlokken. Hieronder staat een aantal voorbeelden van mogelijke open vragen die kunnen worden gesteld gekoppeld aan de strategieën van MGV om verandertaal te ontlokken. Omdat verandertaal bij de cliënt een voorspeller is voor daadwerkelijke verandering, is het belangrijk dat de hulpverlener deze taal hoort en vervolgens versterkt door middel van doorvragen, reflecteren, bevestigen en samenvatten (◼ tab. 11.6).

11.3.4 En wat komt daarna?

Zoals in ▶ par. 11.1 beschreven bevat een behandelproces een zelfcorrigerend principe. Als de behandelresultaten besproken zijn, moet er vervolgens samen met de cliënt een antwoord gegeven worden op de vragen (1) heeft de behandeling tot nu toe het verwachte resultaat opgeleverd, en (2) ligt de behandeling in lijn met het behandelplan, gebaseerd op de classificatie gesteld tijdens de intake en aanvullende taxaties (Broeke et al. 2011).

Tabel 11.6 Ontlokkende vragen

ontlokkende open vragen	– Welke klachten zou u graag veranderd willen zien? – Wat hoopt u dat de behandeling u gaat opleveren? – Wat vindt u dat er moet veranderen? – Hoe belangrijk is het voor u om dit te veranderen?
terugkijken op succes	– Hoe hebt u deze veranderingen voor elkaar gekregen? – Welke sterke kanten hebben u geholpen bij deze (of een eerdere) verandering?
vooruitkijken	– Hoe zou u willen dat uw leven eruitziet over een jaar of vijf? – Stel dat u een maand geen last zou hebben van uw klachten, wat is dan het eerste wat u zou doen? – Stel dat u niet zou veranderen, maar op deze manier doorgaat. Hoe denkt u dat uw leven er over vijf jaar dan uitziet?
naar uitersten vragen	– Wat baart u op de lange termijn de meeste zorgen over uw angstklachten? – Stel, u gaat zo door, zonder te veranderen. Wat denkt u dat het ergste is wat er dan kan gebeuren?
voordelen/nadelen	– Stel, uw klachten veranderen niet, wat zou voor u dan een belangrijk nadeel zijn? – Wat zou een verbetering van deze klachten u kunnen opleveren? – Wat zijn voor u de drie beste redenen om iets te veranderen aan uw stemmingsklachten?
meetlat van belang	– Hoe belangrijk is dit voor u op een schaal van 0–10? – Wat maakt dat u een … geeft en niet een …[lager getal]?
meetlat van vertrouwen	– Hoeveel vertrouwen hebt u erin dat u dit gaat lukken op een schaal van 0–10? – Wat maakt het een … en niet een 0? – Wat kunt u zelf doen om van een … naar [een hoger cijfer] te komen?

Kunnen beide vragen instemmend beantwoord worden, dan is het logisch om de behandeling voort te zetten. Is het antwoord op een van deze vragen of beide vragen negatief dan volgt mogelijk bijstelling van het oorspronkelijke behandelplan. Zijn de resultaten boven verwachting, dan kan besloten worden tot afsluiting.

11.4 De praktijk

Hoe de elementen van MGV kunnen terugkomen tijdens het bespreken van de behandelresultaten wordt weergegeven in twee voorbeeldgesprekken. In de volgende paragrafen zijn twee voorbeeldgesprekken opgenomen.

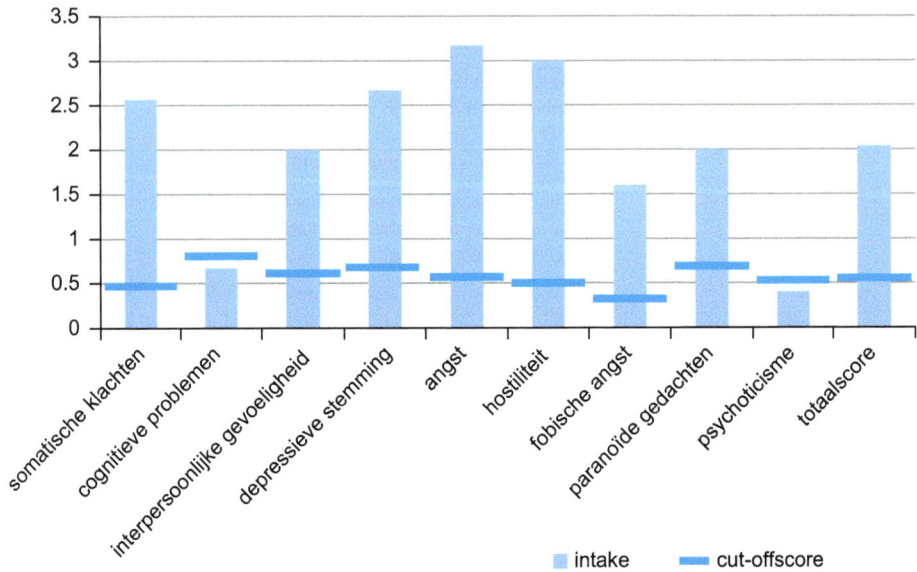

■ **Figuur 11.2** Voorbeeld van grafische terugkoppeling BSI-scores (eerste meting)

> **Casus**
> Cliënt is een man waarbij sprake is van een PTSS. Cliënt drinkt dagelijks alcohol, drie à vier glazen per dag. De eerste meting toont de BSI-scores bij aanvang van de behandeling. De behandeling heeft zich eerst gericht op verandering van het alcoholgebruik. De vervolgmeting toont de BSI-scores na vijf zittingen.

11.4.1 Voorbeeld terugkoppeling eerste meting

In ■fig. 11.2 is een grafische terugkoppeling van BSI-scores te zien. In ■tab. 11.7 staat een weergave van een terugkoppeling op basis van deze scores.

Tabel 11.7 Voorbeeld terugkoppeling eerste meting

T: De vorige keer hebben we het gehad over de vragenlijsten die meten of en hoe de behandeling aanslaat. U hebt deze ingevuld. Hoe vond u dat? *(open vraag)*	vragen naar ervaring van de cliënt met het invullen van de lijst
C: Nou, wel veel, een lange lijst, maar het was oké.	
T: Fijn dat u de lijst ondanks de behoorlijke lengte toch hebt ingevuld *(bevestiging)*. Elke keer als u een vragenlijst hebt ingevuld, zullen we samen de resultaten bespreken. Vindt u het goed om nu samen te kijken naar de resultaten van de vragenlijst?	toestemming vragen om de vragenlijst te bespreken
C: Oké.	
T: U ziet hier een schaal die gaat over angstgevoelens, zoals zenuwachtigheid en piekeren *(BSI: Angst)*. U kunt zien dat u daar hoog op scoort. Ook deze schaal, die onzekerheid, ongemak en verlegenheid meet *(BSI: Interpersoonlijke gevoeligheid)*, is hoger. We zien dat ook terug in verhoogde irritatie en boosheid *(BSI: Hostiliteit)*. Al deze schalen hebben te maken met de angst waar u eerder over vertelde. Deze scores passen daar in, en dat is ook precies waar we mee aan de slag gaan. Verder valt op dat u niet veel last hebt van concentreren of het nemen van beslissingen *(BSI: Cognitieve klachten)*. *(informatie geven)*	terugkoppelen resultaten: – objectieve feedback over de resultaten – uitleg schalen – scores relateren aan klachten cliënt
T: Als u dit zo allemaal hoort, wat herkent u dan? *(open vraag)*	vragen naar herkenning
C: Ik herken wel wat ... vooral het piekeren en geïrriteerd zijn ... Maar ik weet niet of ik echt verlegen ben.	
T: Het piekeren en de verhoogde irritatie herkent u *(reflectie)*. De schaal die verlegenheid meet, geeft ook bijvoorbeeld onzekerheid en ongemak met anderen aan. In hoeverre herkent u zich hierin? *(open vraag)*	
C: Ja, dat herken ik wel, ik voel me niet erg op m'n gemak op dit moment bij anderen.	
T: Deze angstklachten passen bij de diagnose waar we het eerder over hadden, en daar zullen we ook mee aan de slag gaan.	klachten relateren aan gestelde diagnose

◨ **Tabel 11.7** Vervolg

C: Oké.	
T: U geeft aan zich nog wel te kunnen concentreren, ondanks uw klachten. Hoe lukt u dat denkt u? *(open vraag)*	
C: Ja, dat lijkt wel automatisch te gaan, vind het ook wel lekker om me op mijn werk of andere taken te richten.	
T: U even te focussen op iets anders dan de angsten. *(reflectie)*	
C: Ja, me af te sluiten.	
T: Wat vindt u ervan, als u de resultaten zo ziet?	ontlokken interpretatie van de cliënt
C: Wel confronterend dat zo veel scores zo hoog zijn.	
T: U schrikt ervan. *(reflectie)* Welke schalen vindt u vooral confronterend? *(open vraag)*	
C: Ja, die boosheid en vijandigheid.	
T: U zou dat graag anders willen zien *(reflectie)*. Als u deze klachten niet meer zou hebben, waaraan zou u dat dan merken? *(open vraag)*	verhogen motivatie voor verandering: ontlokken verandertaal
C: Ja, aan alles denk ik, vooral hoe ik met anderen ben, en ik zou me vrijer voelen en rustiger …	
T: Dat is een mooi doel. *(bevestiging)* Door aan de slag te gaan, zal er zeker wat veranderen. De scores op de schalen zullen niet direct veranderen, maar de verwachting is wel dat we snel de prikkelbaarheid en het piekeren zullen kunnen verminderen. Het op je gemak voelen bij anderen zal wat langer duren. U zult ook vaker deze vragenlijst invullen en dan gaan we deze bespreken. Zo kunnen we ook kijken of de aanpak werkt. Hoe lijkt het u als we aan de slag gaan? *(open vraag)*	– bespreken verwachtingen – tot overeenstemming komen over vervolg behandeling.
C: Goed.	

11.4 · De praktijk

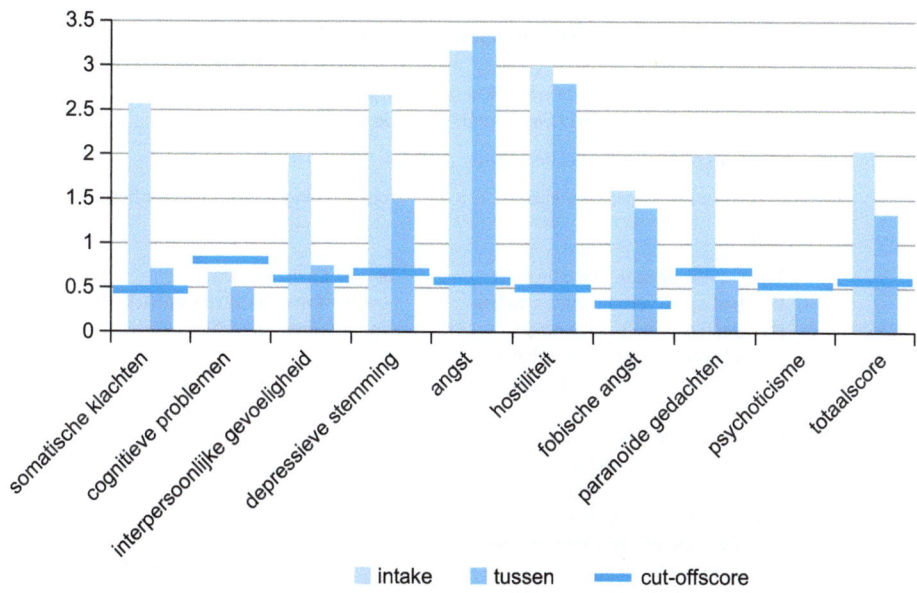

● **Figuur 11.3** Voorbeeld van grafische terugkoppeling BSI-scores (vervolgmeting)

11.4.2 Voorbeeld terugkoppeling vervolgmeting

In ●fig. 11.3 is een voorbeeld van grafische terugkoppeling van BSI-scores te zien. In ●tab. 11.8 staat een weergave van een terugkoppeling op basis van deze scores.

Tabel 11.8 Voorbeeld terugkoppeling vervolgmeting

T: U hebt opnieuw dezelfde vragenlijst ingevuld, hoe vond u dat? *(open vraag)*	vragen naar ervaring met het invullen van de vragenlijst
C: Ja, was prima, ik ben wel benieuwd.	
T: Zullen we er samen naar kijken?	toestemming vragen de lijst te bespreken
C: Ja.	
T: U ziet hier de score die u de eerst keer had op de verschillende schalen. Hier ziet u de scores die er nu uit zijn gekomen. U ziet dat de schalen die over angstgevoelens *(BSI: Angst)*, vermijding *(BSI: Fobische klachten)* en prikkelbaarheid *(BSI: Hostiliteit)* gaan niet zijn veranderd. Wat u wel ziet, is dat uw somberheid *(BSI: Depressie)*, uw slaapproblemen *(BSI: Somatische klachten)*, het onzekere gevoel waar u over sprak *(BSI: Interpersoonlijke gevoeligheid)* en het wantrouwen *(BSI: Paranoïde gedachten)* fors zijn verminderd. Een mooie verandering. *(informatie geven en bevestigen)*	terugkoppelen resultaten: – geven van objectieve feedback – prioritering van schalen
T: Als u dit zo allemaal hoort, wat vindt u hiervan? *(open vraag)*	ontlokken interpretatie van de client
C: Ja … dat is wel prettig.	
T: Wat is het prettigste? *(open vraag)*	ontlokken verandertaal
C: Vooral de lichamelijke klachten, dat die minder zijn.	
T: Welke klachten zijn met name weg? *(open vraag)*	ontlokken verandertaal
C: Vooral die vermoeidheid en spanning.	
T: Als je kijkt naar het wantrouwen, je onzeker voelen. Wat merkt u dan aan veranderingen? *(open vraag)*	ontlokken verandertaal
C: Ik merk dat ik positiever over mezelf denk, dat gaat wel beter.	
T: U denkt wat minder negatief over uzelf. *(reflectie)* Mooi! *(bevestiging)* Als u denkt aan uw vrouw en kinderen, wat merken zij er dan van? *(open vraag)*	ontlokken verandertaal
C: Ze vinden het fijn thuis, de kinderen reageren er positief op.	
T: Wat is het mooiste wat ze gezegd hebben? *(open vraag)*	ontlokken verandertaal

Tabel 11.8 Vervolg

C: Mijn zoon pakt vrolijk een alcoholvrij biertje voor me.	
T: Dat laat zien dat hij echt trots op u is! *(reflectie, bevestiging)*	
T: Mooie veranderingen! *(bevestiging)* Hoe hebt u dit precies voor elkaar gekregen? *(open vraag)*	ontlokken verandertaal
C: Toch door te blijven denken aan de consequenties, denk ik.	
T: Het helpt u als u steeds uw kinderen en uw relatie voor ogen houdt. *(reflectie)*	
C: Ja dat helpt. Het is toch wel vrij triest als je kinderen last hebben van jouw alcoholgebruik. Dat wil je niet.	
T: Zo wil je ze niet laten opgroeien. Je wilt dat ze gelukkig zijn. *(reflectie)*	
C: Ja, precies.	
T: Oké, er zijn dus al heel wat klachten verminderd en dat heeft al tot positieve veranderingen geleid in uw dagelijks leven. Nu u gestopt bent met alcohol drinken, voelt u zich lichamelijk fitter, u denkt positiever over uzelf, en thuis zijn ze trots op u. Dit is u gelukt door vooral te blijven denken aan uw kinderen en uw relatie, zij zijn belangrijk voor u. *(samenvatting)*	
C: Ja, zeker …	
T: Die andere klachten die nog niet veranderd zijn, de gespannenheid, het piekeren, de prikkelbaarheid, hebben meer te maken met wat er in uw verleden is gebeurd. *(informatie geven)* Hoe lijkt het u als we daarmee aan de slag gaan? *(open vraag)*	– resultaten relateren aan gestelde diagnose cliënt – tot overeenstemming komen over vervolg behandeling
C: Erg spannend.	
T: Dat kan ik me voorstellen, u ziet er niet echt naar uit. *(reflectie)* Stel dat we ermee aan de slag gaan en stel dat het u lukt, wat zou het u dan opleveren? *(open vraag)*	– versterken motivatie voor behandeling – ontlokken verandertaal
C: Dat zou veel minder een last zijn op m'n schouders. Ik denk dat het nodig is, anders doe ik mezelf te kort.	
T: Tijd om uzelf iets te gunnen. *(reflectie)*	

11.5 Ten slotte

In dit hoofdstuk hebben wij laten zien dat de gespreksmethodiek MGV behulpzaam kan zijn bij het terugkoppelen van uitkomsten op basis van objectieve meetinstrumenten naar de cliënt. Daarbij hebben we de nadruk gelegd op de wijze waarop dat gedaan kan worden. We hebben MGV hier vooral gepresenteerd als onderdeel van een lopende behandeling, terwijl het in de literatuur vaak als een aparte interventie beschreven wordt.

Het terugkoppelen van resultaten uit een ROM-meting met behulp van MGV lijkt ogenschijnlijk eenvoudig. Veel hulpverleners zijn van mening dat de beschreven gespreksvaardigheden, zoals open vragen stellen, reflecteren, bevestigen en samenvatten al onderdeel zijn van hun standaard behandelroutines. Echter, veel hulpverleners (zowel psychologen en huisartsen als verpleegkundigen) overschatten de mate van hun bekwaamheid in behandelvaardigheden (Brosan et al. 2008; Walfish et al. 2012). Voor de meeste hulpverleners is training én supervisie nodig om MGV-vaardigheden te verwerven (Miller et al. 2004; Schwalbe et al. 2014).

Naast kennis van en kunde in MGV is het natuurlijk ook van belang dat een hulpverlener kennis heeft van vragenlijsten, van de interpretatie van de uitslagen van vragenlijsten, van de koppeling van de resultaten aan de classificatie gesteld bij intake en van de elementen van een effectieve behandeling. Hierdoor krijgt het terugkoppelen aan en het bespreken van ROM-resultaten met de cliënt ook daadwerkelijk een evaluatief karakter, naast dat het een goed instrument is om de cliënt tot verdere verandering te motiveren.

Bijlagen

Software leveranciers – 120

Lijst van afkortingen – 121

Literatuur – 123

Register – 132

© Bohn Stafleu van Loghum, onderdeel van Springer Media B.V. 2018
S. Oudejans en M. Spits, *Snel succes met ROM*, DOI 10.1007/978-90-368-1726-4

Software leveranciers

Bergop
CRS
Curasoft
DataMedicare
DataScore
Datec
EPOS
Incura
Intramed
Madeware | Medikad
ManageWare Pro | ConsultManager
MEDICORE
Minddistrict
Nedap Healthcare
NETQ healthcare
PCDatasystems
Praktijkdata
Prosoftware | ZorgAdmin
PsychoCare
QIT Online
Questmanager
Reflectum
RoQua
Serviant
Telasoft
TelePsy
Testbeter
Vital Health Software
Zilos

Deze lijst is aan veel verandering onderhevig, en dientengevolge mogelijk niet uitputtend.

Lijst van afkortingen

ADL Algemene dagelijkse levensverrichtingen

ASC Assessment for Signal Clients

ASI Addiction Severity Index

AUDIT Alcohol Use Disorders Identification Test

BDI Beck Depression Inventory

BRaM Benchmark Rapportage Module

BSI Brief Symptom Inventory

CANSAS Camberwell Assessment of Need Short Appraisal Schedule

CBCL Child Behavior Checklist

CDOI Client Directed Outcome Informed

COTAN Commissie Testaangelegenheden Nederland

CST Clinical Support Tools

CQI Consumer Quality Index

CUDIT Cannabis Use Disorders Identification Test

DASS Depression Anxiety Stress Scales

DBC Diagnose-behandelcombinatie

DSM Diagnostic and Statistical Manual of Mental Disorders

DUDIT Drug Use Disorders Identification Test

EFP Expertisecentrum Forensische Psychiatrie

EPA Ernstige Psychiatrische Aandoeningen

EPD elektronisch patiëntendossier

FIT Feedback Informed Treatment

ggz geestelijke gezondheidszorg

GPO Gestructureerd Professioneel Oordeel

HCR20 V3 Historical, Clinical and Risk Management Version 3

HKT-R Historisch, Klinisch, Toekomst - Revisie

HoNOS Health of the Nation Outcome Scales

HoNOSCA Health of the Nation Outcome Scales for Children and Adolescents

ICF International Classification of Functioning, Disability and Health

IHS Integrale Herstelschaal

LPGGz Landelijk Platform GGz

LUMC Leids Universitair Medisch Centrum

MANSA Manchester Short Assessment of Quality of Life

MATE Measurements in the Addictions for Triage and Evaluation

MDS Minimale Dataset

MGV Motiverende Gespreksvoering

ORS Outcome Rating Scale

OQ-45 Outcome Questionnaire (45 items)

PDCA plan-do-check-act-cyclus

PROM patient reported outcome measure

PREM patient reported experience measure

PTSS posttraumatische stressstoornis

ROM Routine Outcome Monitoring, - Management, -Measurement

SBG Stichting Benchmark GGZ

SCL-90 Symptom Checklist (90 items)

SDQ Strengths and Difficulties Questionnaire

SF-36 Short Form Health Survey

SRS Session Rating Scale

STiP-5 Semi-gestructureerd Interview voor Persoonlijkheidsfunctioneren DSM-5

SQ-48 Symptom Questionnaire (48 items)

TRF Teacher's Report Form

VBHC Value-Based Health Care

WGBO Wet op de geneeskundige behandelingsovereenkomst

YSR Youth Self Report

ZN Zorgverzekeraars Nederland

ZorgTTP Zorg Trusted Third Party

Literatuur

Aanlevering ROM-gegevens (2017). Geraadpleegd op 16 juni 2017 op ▶ http://www.ggznederland.nl/actueel/aanlevering-rom-gegevens.

Aarsse, H. R. (2003). *De betekenis van cliënttevredenheid als indicator voor de kwaliteit van zorg*. Amsterdam: Universiteit van Amsterdam.

Amrhein, P. C., Miller, W. R., Yahne, C. E., Palmer, M., & Fulcher, L. (2003). Client commitment language during motivational interviewing predicts drug use outcomes. *Journal of Consulting and Clinical Psychology, 71*(5), 862.

Bannink, F. (2009). *Oplossingsgerichte vragen. Handboek oplossingsgerichte gespreksvoering*. Amsterdam: Pearson Assessment and Information B.V.

Barendregt, M. (2015). Benchmarken en andere functies van ROM: Back to basics. *Tijdschrift voor Psychiatrie, 57*(7), 517–525.

Barendregt, M. (2017). Benchmarken… eh, pardon, kwaliteitsmanagement. In E. de Beurs, M. Barendregt & L. Warmerdam (Red.), *Behandeluitkomsten. Bron voor kwaliteitsbeleid in de ggz*. Amsterdam: Boom.

Baron, E., Jonge, J. de, & Schippers, G. (2015). Motiverende gespreksvoering. *Gedragstherapie. Themanummer Verslaving, 48*(2), 138–152.

Beck, A. T., Steer, R. A., & Garbin, M. G. (1988). Psychometric properties of the beck depression inventory – 25 years of evaluation. *Clinical Psychology Review, 8*(1), 77–100.

Bekostiging van de curatieve geestelijke gezondheidszorg (2017). Geraadpleegd op 16 juni 2017 op ▶ http://www.rekenkamer.nl/Publicaties/Onderzoeksrapporten/Introducties/2017/01/Bekostiging_van_de_curatieve_geestelijke_gezondheid.

Berger, Z. D., Joy, S. M., Hutfless, S., & Bridges, J. F. (2013). Can public reporting impact patient outcomes and disparities? A systematic review. *Patient Education and Counseling, 93*(3), 480–487.

Berwick, D. M. (2003). Improvement, trust, and the healthcare workforce. *Quality and Safety in Health Care, 12*, 448–452.

Beurs, E. de (2010). De genormaliseerde T-score. Een 'euro' voor testuitslagen. *Maandblad Geestelijke volksgezondheid (MGv), 65*, 684–695.

Beurs, E. de (2011a). Benchmarken – kansen en valkuilen. In S. van Hees, P. van der Vlist, & N. Mulder (Red.), *Van weten naar meten. ROM in de ggz* (pag. 227–239). Amsterdam: Uitgeverij Boom.

Beurs, E. de (2017). Naar aanleiding van het rapport van de algemene rekenkamer en STOPROM. Geraadpleegd 16 juni 2017 op ▶ https://www.sbggz.nl/Nieuws/Nieuws-detail?ContentItem=72c5be11-e4c1-452a-965d-db85a0a389aa.

Beurs, E. de, Barendregt, M., Flens, G., Dijk, E. van, Huijbregts, I., & Meerding, W. J. (2012). Vooruitgang in de behandeling meten – Een vergelijking van vragenlijsten voor zelfrapportage. *Maandblad Geestelijk volksgezondheid (MGv)* (juli 2012), 1–11.

Beurs, E. de, Dyck, R. van, Marqueni, L. A., Lange, A., & Blonk, R. W. B. (2001). De DASS: Een vragenlijst voor het meten van depressie, angst en stres. *Gedragstherapie, 34*, 35–53.

Beurs, E. de, & Zitman, F. (2006). De Brief Symptom Inventory (BSI). De betrouwbaarheid en de validiteit van een handzaam alternatief voor de SCL-90. *Maandblad Geestelijke volksgezondheid (MGv), 61*(2), 120–141.

Bijenhof, A. M., Folkertsma, M. A., Kommer, G. J., Slobbe, L. C. J., & Polder, J. J. (2012). *Kostenontwikkeling GGZ (Kosten van ziekten notitites 2012-1)*. Geraadpleegd op 16 juni 2017 op ▶ https://www.volksgezondheidenzorg.info/sites/default/files/o16171_kvz-2012-1-kostenontwikkeling-ggz.pdf.

Blankers, M., Barendregt, M., & Dekker, J. J. M. (2016). Meetvariatie als bron van bias bij het benchmarken met verschillende ROM-instrumenten. *Tijdschrift voor Psychiatrie, 58*(1), 55–60.

Blijd-Hoogewys, E. (2017). Een introductie tot methodologische vraagstukken. In E. de Beurs, M. Barendregt & L. Warmerdam (Red.), *Behandeluitkomsten. Bron voor kwaliteitsbeleid in de ggz*. Amsterdam: Boom.

Blijd-Hoogewys, E., Dyck, R. van, Emmelkamp, P., Mulder, N., Oude Voshaar, R. C., Schippers, G., et al. (2012). Benchmarken is 'werk-in-uitvoering'. *Tijdschift voor Psychiatrie, 54*(12), 1031–1038.

Blumenthal-Barby, J. S. (2017). 'That's the doctor's job': Overcoming patient reluctance to be involved in medical decision making. *Patient Education and Counseling, 100*(1), 14–17.

Boer, F., Markus, M., & Vermeiren, R. (2011). Kinderen en jeugd – verandering meten tijdens ontwikkeling. In S. van Hees, P. van der Vlist & N. Mulder (Red.), *Van weten naar meten. ROM in de ggz* (pag. 121–128). Amsterdam: Uitgeverij Boom.

Bos, A. B., M., Begheyn, H., Oomen, J., Peetoom, T., Pijnaker, N., Rijlaarsdam, S., et al. (2015). *Herstelvisie en implementatie van herstel in GGZ-NHN*. GGZ NHN Herzieningsdatum 1-4-2017. (geraadpleegd 16-6-2017).

Bos, N., Zuidgeest, M., Kessel, P. van, & Boer, D. de (2015). *Ontwikkelen van patiëntervaringsvragenlijsten om kwaliteit van zorg te meten. Handreiking*. Utrecht: Nivel.

Bosch, W. van den, Cramer-van der Welle, C., Dijksman, L., Eerenberg-Peffer, K., & Veggel, I. van (2016). *Zorg voor uitkomst – uitkomstindicatoren behandeling kanker*. Utrecht: Santeon.

Braspenning, J., Hermens, R., Wollersheim, H., & Grol, R. (2006). Meten van (verandering in) de zorg: De rol van indicatoren. In R. Grol & M. Wensing (Red.), *Implementatie. Effectieve verbetering van de patiëntenzorg* (3rd ed.). Maarssen: Elsevier Gezondheidszorg.

Brink, W. van den, Hendriks, V. M., Blanken, P., Koeter, M. W. J., Zwieten, B. J. van, & Ree, J. M. van (2003). Medical prescription of heroin to treatment resistant heroin addicts: Two randomised controlled trials. *British Medical Journal, 327*(7410), 310–312b.

Broeke, E. ten, Meijer, S., & Verbraak, M. (2011). Diagnostiek binnen de behandeling. In M. Verbraak, S. Visser, P. Muris & K. Hoogduin (Red.), *Handboek GZ-psychologen*. Amsterdam: Boom.

Brosan, L., Reynolds, S., & Moore, R. G. (2008). Self-evaluation of cognitive therapy performance: Do therapists know how competent they are? *Behavioural and Cognitive Psychotherapy, 36*(05), 581–587.

Brown, J. D. (2012). Understanding the better than average effect: Motives (still) matter. *Personality and Social Psychology Bulletin, 38*(2), 209–219.

Brown, J. M., & Miller, W. R. (1993). Impact of motivational interviewing on participation and outcome in residential alcoholism treatment. *Psychology of Addictive Behaviors, 7*(4), 211.

Bruinsma, C. L., Verbraak, M. J. P. M., & Verbraak, P. (2012). Transparantie in ggz gebaat bij ROM en benchmarken. *Tijdschift voor Psychiatrie, 54*(3), 254–256.

Carlier, I. V. (z.j.). SQ-48: 48 Symptom Questionnaire. Leiden. LUMC. Geraadpleegd op 16 juni 2017 op ▶ https://www.lumc.nl/sub/3010/att/1008388.

Carlier, I. V., Schulte-Van Maaren, Y., Wardenaar, K., Giltay, E., Noorden, M. van, Vergeer, P., & Zitman, F. (2012). Development and validation of the 48-item Symptom Questionnaire (SQ-48) in patients with depressive, anxiety and somatoform disorders. *Psychiatry Research, 200*(2–3), 904–910.

Couwenbergh, C., & Weeghel, J. van (2014a). *Over de brug: Plan van aanpak voor de behandeling, begeleiding en ondersteuning bij ernstige psychische aandoeningen*. Utrecht: Phrenos.

Couwenbergh, C., & Weeghel, J. van (2014b). *Publieksversie over de brug: Plan van aanpak voor de behandeling, begeleiding en ondersteuning bij ernstige psychische aandoeningen (aanpak in vogelvlucht)*. Utrecht: Phrenos.

Dejaeger, M., Gielen, E., Vandewoude, M., Milisen, K., Laurent, M., Vanderschueren, D., et al. (2011). Broosheid bij ouderen of 'frailty': Het geriatrisch kernsyndroom ontleed. *Tijdschrift voor Geneeskunde, 67*(22), 1059–1070.

Derogatis, L. R. (2011). *Handleiding BSI en BSI 18*. Nederlandse bewerking: dr. E. de Beurs. Amsterdam: Pearson.

Dhondt, A. D. F. (2012). ROM in de ouderenpsychiatrie: Wat en hoe te meten? In V. J. A. Buwalda, M. A. Nugter, J. A. Swinkels, & C. L. Mulder (Red.), *Praktijkboek ROM in de ggz II* (pag. 21–30). Utrecht: De Tijdstroom.

Donabedian, A. (1988). The quality of care. How can it be assessed? *JAMA, 260*, 1743–1748.

Dooren, S. van, Duivenvoorden, H. J., & Trijsburg, R. W. (2006). *Een meta-analyse van de effecten van psychotherapie bij persoonlijkheidsstoornissen*. Utrecht: EFP.

Duffy, R. D., & Richard, G. V. (2006). Physician job satisfaction across six major specialties. *Journal of Vocational Behavior, 68*(3), 548–559.

Duncan, B. L., Miller, S. D., Sparks, J. A., Claud, D. A., Reynolds, L. R., Brown, J., et al. (2003). The Session Rating Scale: Preliminary psychometric properties of a 'working' alliance measure. *Journal of Brief Therapy, 3*(1), 3–12.

Elwyn, G., Forsch, D., Thomson, R., Joseph-Williams, N., Lloyd, A., & Kinnersley, P. (2012). Shared Decision Making: A model for clinical practice. *Journal of General Internal Medicine, 27*, 1361–1367.

Factsheet : Informatie voor de forensische zorgaanbieders met betrekking tot ROM en Risicotaxatie. Stand van zaken 2015. Geraadpleegd op 16 juni 2017 op ▶ https://www.efp.nl/web/images/uploads/publicaties/20140827_factsheet.pdf.

Gaume, J., Gmel, G., & Daeppen, J. -B. (2008). Brief alcohol interventions: Do counsellors' and patients' communication characteristics predict change? *Alcohol and Alcoholism, 43*(1), 62–69.

Goodman, R., Ford, T., Simmons, H., Gatward, R., & Meltzer, H. (2000). Using the Strengths and Difficulties Questionnaire (SDQ) to screen for child psychiatric disorders in a community sample. *The British Journal of Psychiatry, 177*, 534–539.

Groot, E. de (2016). *Gericht verbeteren met behulp van benchmarken in de geestelijke gezondheidszorg.* Presentatie Vital Health seminar, Ede.

Groot, E. de, Robbers, S., & Son, G. van (2017). Benchmarken vanuit het perspectief van de zorgaanbieder. In E. de Beurs, M. Barendregt & L. Warmerdam (Red.), *Behandeluitkomsten. Bron voor kwaliteitsbeleid in de ggz.* Amsterdam: Boom.

Haaga, D. A. (2000). Introduction to the special section on stepped care models in psychotherapy. *Journal of Consulting and Clinical Psychology, 68*(4), 547.

Hafkenscheid, A. (2012). Subjectiviteit bij de interpretatie van het grafisch scoreverloop op monitorinstrumenten. *Tijdschrift voor Psychiatrie, 54*(2), 129–133.

Hafkenscheid, A., & Os, J, van (2014). Naar een deugdelijke ROM. *MGV: Magazine voor GGZ en Verslavingszorg, 69*(1), 20–28.

Hagenaars, N., & Bruns, E. (2016). Waardegedreven zorg. De basis van een goed zorgstelsel. In W. Fuijkschot, R. Versteeg, J. Verweij, C. Hilders, & M. Levi (Red.), *Artsen met verstand van zaken. Medisch leiderschap, financiën en organisatie in de zorg.* Utrecht: De Tijdstroom.

Hansen, N. B., Lambert, M. J., & Forman, E. M. (2002). The psychotherapy dose-response effect and its implications for treatment delivery services. *Clinical Psychology: Science and Practice, 9*(3), 329–343.

Ham, M. van, & Reitsma, E. (2011). Context - taal en vorm. In S. van Hees, P. van der Vlist, & N. Mulder (Eds.), *Van weten naar meten. ROM in de ggz* (pag. 27–33). Amsterdam: Uitgeverij Boom.

Harmon, C., Hawkins, E. J., Lambert, M. J., Slade, K., & Whipple, J. S. (2005). Improving outcomes for poorly responding clients: The use of clinical support tools and feedback to clients. *Journal of Clinical Psychology, 2004*(12/21), 175–185.

Heckman, C. J., Egleston, B. L., & Hofmann, M. T. (2010). Efficacy of motivational interviewing for smoking cessation: A systematic review and meta-analysis. *Tobacco Control, 19*(5), 410–416.

Hees, H. L., Vries, G. de, Koeter, M. W., & Schene, A. H. (2013). Adjuvant occupational therapy improves long-term depression recovery and return-to-work in good health in sick-listed employees with major depression: Results of a randomised controlled trial. *Occupational and Environmental Medicine, 70*(4), 252–260.

Hendriksen-Favier, A., Nijnens, K., & Rooijen, S. van (2012). *Handreiking voor de implementatie van herstelondersteunende zorg in de ggz.* Utrecht: Trimbos-instituut.

Hettema, J., Steele, J., & Miller, W. R. (2005). Motivational interviewing. *Annual Review of Clinical Psychology, 1*, 91–111.

Hibbard, J. H., Mahoney, E. R., Stock, R., & Tusler, M. (2007). Do increases in patient activation result in improved self-management behaviors? *Health Services Research, 42*(4), 1443–1463.

Hibbard, J. H., Stockard, J., Mahoney, E. R., & Tusler, M. (2004). Development of the Patient Activation Measure (PAM): Conceptualizing and measuring activation in patients and consumers. *Health Services Research, 39*(4 Pt 1), 1005–1026.

Hodgins, D. C., Ching, L. E., & McEwen, J. (2009). Strength of commitment language in motivational interviewing and gambling outcomes. *Psychology of Addictive Behaviors, 23*(1), 122.

Hoenders, R. H., Bos, E. H., Bartels-Velthuis, A. A., Vollbehr, N. K., Ploeg, K. van der, Jonge, P. de, et al. (2014). Pitfalls in the assessment, analysis, and interpretation of routine outcome monitoring (ROM) Data: Results from an outpatient clinic for integrative mental health. *Administration and Policy in Mental Health and Mental Health Services Research, 41*(5), 647–659.

Hornsveld, R. H. J. (2006). *Ontwikkeling en evaluatie van de Aggressiehanteringstherapie voor gewelddadige forensisch psychiatrische patiënten, deel I.* Nijmegen: Radboud Universiteit Nijmegen.

Horvath, A. O., Re, A. C. Del, Fluckiger, C., & Symonds, D. (2011). Alliance in individual psychotherapy. *Psychotherapy (Chic), 48*(1), 9–16.

Hutsebaut, J., Berghuis, H., Kaasenbrood, A., Saeger, H. de, & Ingenhoven, T. (2015). *Handleiding Semi-gestructureerd Interview voor Persoonlijkheidsfunctioneren DSM-5/Semi-structured Interview for Personality Functioning DSM-5 (STiP-5.1)*. Geraadpleegd op 16 juni op ►http://www.kenniscentrumps.nl/sites/default/files/publications/stip_handleiding_versie_01062015.pdf.

IHI (z.j.). Take the journey to jiseki. *Improvement stories*. Geraadpleegd op 16 juni 2017 op ►http://www.ihi.org/resources/Pages/ImprovementStories/ImprovementTipTaketheJourneytoJiseki.aspx.

Jaarrapportage (2015). *Behandeluitkomsten in beeld*. (2016). Bilthoven: Stichting Benchmark GGZ.

Jacobson, N. S., Follette, W. C., & Revenstorf, D. (1984). Psychotherapy outcome research – methods for reporting variability and evaluating clinical-significance. *Behavior Therapy, 15*(4), 336–352.

Janssen, M., Wensing, M., Deurzen, P. van, Cornelissen, I., Gaag, R. van der, & Buitelaar, J. (2014). Niet Rammen, maar ROMmen. Dwingende ROM-responspercentages en methodieken: Kan het anders? *Maandblad Geestelijk volksgezondheid (MGv), 69*(1), 29–32.

Jong, K. de (2012). *A chance for change. Building an outcome monitoring feedback system for outpatient mental health care*. Leiden: (Phd), Leiden University.

Jong, K. de, Nugter, M. A., Lambert, M. J., & Burlingame, G. M. (2009). *Handleiding voor de afname en scoring van de Outcome Questionnaire (OQ-45.2)*. Salt Lake City: OQ Measures.

Jong, K. de, Nugter, A., Polak, M. G., Wagenborg, J. E. A., Spinhoven, P., & Heiser, W. J. (2007). The Outcome Questionnaire (OQ-45) in a Dutch population: A cross-cultural validation. *Clinical Psychology & Psychotherapy, 14*, 288–301.

Jong, K. de, Sluis, P. van, Nugter, M. A., Heiser, W. J., & Spinhoven, P. (2012). Understanding the differential impact of outcome monitoring: Therapist variables that moderate feedback effects in a randomized clinical trial. *Psychotherapy Research, 22*(4), 464–474.

Jong, K. de, Tiemens, B., Verbraak, M. J. P. M., et al. (2017). Red ROM als kwaliteitsinstrument. *Tijdschrift voor Psychiatrie, 59*(4), 242–244.

Kendrick, T., El-Gohary, M., Stuart, B., Gilbody, S., Churchill, R., Aiken, L. et al. (2016). Routine use of patient reported outcome measures (PROMs) for improving treatment of common mental health disorders in adults. *Cochrane Database System Review, 7*, CD011119.

Kiers, B. (2016). Een op de drie cliënten heeft geen baat bij ggz. Geraadpleegd op 16 juni 2017 op ►https://www.zorgvisie.nl/kwaliteit/nieuws/2016/3/een-op-de-drie-clienten-heeft-geen-baat-bij-ggz/

Kindermans, G. (2016). Beter dan de buurvrouw. Agnes Scholing over effectieve psychotherapeuten. *De Psycholoog*, (9), 24–29.

Koot, H. M., Oord, E. J. van den, Verhulst, F. C., & Boomsma, D. I. (1997). Behavioral and emotional problems in young preschoolers: Cross-cultural testing of the validity of the Child Behavior Checklist/2-3. *Journal of Abnormal Child Psychology, 25*(3), 183–196.

Kuijpers, C., Leij, A. van der, Been, P., Leeuwen, T. van, Keurs, M. ter, Schreuder, R., & Bos, K. van den (2003). Leesproblemen in het voortgezet onderwijs en de volwassenheid. *Pedagogische Studiën, 80*(4), 272–287.

Kuyper, H., Dijkstra, P., Buunk, A. P., & Werf, M. P. van der (2011). Social comparisons in the classroom: An investigation of the better than average effect among secondary school children. *Journal of School Psychology, 49*(1), 25–53.

Lambert, M. J. (2010). *Prevention of treatment failure: The use of measuring, monitoring, and feedback in clinical practice*. Washington DC: American Psychological Association.

Lambert, M. J. (2010a). The outcome questionnaire system: A practical application for mental health care settings. In T. Trauer (Ed.), *Outcome Measurement in Mental Health. Theory and practice*. Cambridge: Cambridge University Press.

Lambert, M. J., Whipple, J. L., Bishop, M. J., Vermeersch, D. A., Gray, G. V., & Finch, A. E. (2002). Comparison of empirically-derived and rationally-derived methods for identifying patients at risk for treatment failure. *Clinical Psychology & Psychotherapy, 9*(3), 149–164.

Lambert, M. J., Whipple, J. L., Hawkins, E. J., Vermeersch, D. A., Nielsen, S. J., & Smart, D. W. (2003). Is it time for clinicians to routinely track patient outcome? A meta-analysis. *Clinical Psychology: Science and Practice, 10*, 288–301.

Lambert, M. J., Whipple, J. L., Smart, D. W., Vermeersch, D. A., Nielsen, S. L., & Hawkins, E. J. (2001). The effects of providing therapists with feedback on patient progress during psychotherapy: Are outcomes enhanced? *Psychotherapy Research, 11*(1), 49–68.

Lange, A., Rietdijk, D., Hudcovicova, M., van de Ven, J.-P., Schrieken, B., & Emmelkamp, P. M. (2003). Interapy: A controlled randomized trial of the standardized treatment of posttraumatic stress through the internet. *Journal of Consulting and Clinical Psychology, 71*(5), 901.

Linssen, M. (2016). *Hoe word ik een betere therapeut?* Geraadpleegd op 30 januari 2017 op ▶ https://nl.linkedin.com/pulse/hoe-word-ik-een-betere-therapeut-michiel-linssen.

Marijnissen, R., & Oude Voshaar, R. (2017). Routine Outcome Monitoring en benchmarken in de ouderenpsychiatrie. In E. de Beurs, M. Barendregt, & L. Warmerdam (Red.), *Behandeluitkomsten. Bron voor kwaliteitsbeleid in de ggz*. Amsterdam: Boom.

McCambridge, J., & Strang, J. (2004). The efficacy of single-session motivational interviewing in reducing drug consumption and perceptions of drug-related risk and harm among young people: Results from a multi-site cluster randomized trial. *Addiction, 99*(1), 39–52.

McNamara, R. L., Spatz, E. S., Kelley, T. A., Stowell, C. J., Beltrame, J., Heidenreich, P., et al. (2015). Standardized outcome measurement for patients with coronary artery disease: Consensus from the International Consortium for Health Outcomes Measurement (ICHOM). *Journal of the American Heart Association 4*(5), pii: e001767.

Merkx, M. J. M. (2016). *Guidelines for patient treatment matching in the substance abuse treatment system: Feasibility, predictive validity and improvement* (dissertatie). Amsterdam: UvA.

Merkx, M. J. M., & Baron, E. (2016). *Draaiboek basistraining Shared Decision Making in combinatie met Motiverende Gespreksvoering*, januari 2017.

Merkx, M. J. M., Kersten, G. C. M., & Schippers, G. M. (2002). Indicatiestelling in de verslavingszorg: Een op evidentie gebaseerde protocollaire benadering. In W. R. Buisman, J. Casselmand, N. E. Noorlander, G. M. Schippers, & W. M. de Swart (Red.), *Handboek Verslaving: Hulpverlening, preventie en beleid*. Houten: Bohn Stafleu van Loghum.

Metz, M. J., Franx, G. C., Veerbeek, M. A., Beurs, E. de, Feltz-Cornelis van der, C. M., & Beekman, A. T. F. (2015). Shared Decision Making in mental health care using Routine Outcome Monitoring as a source of information: A cluster randomised controlled trial. *BMC Psychiatry, 15*(1), 313.

Miller, W. R., & Baca, L. M. (1983). Two-year follow-up of bibliotherapy and therapist-directed controlled drinking training for problem drinkers. *Behavior Therapy, 14*(3), 441–448.

Miller, S. D., Duncan, B., Brown, J., Sparks, J., & Claud, D. (2003). The Outcome rating scale: A preliminary study of the reliability, validity, and feasibility of a brief visual analog measure. *Journal of Brief Therapy, 2*(2), 91–100.

Miller, S. D., Duncan, B. L., Sorrell, R., & Brown, G. S. (2005). The partners for change outcome management system. *Journal of Clinical Psychology 61*,(2), 199–208.

Miller, S.D., Hubble, M.A., Chow, D., & Seidel, J. (2015). Beyond measures and monitoring: Realizing the potential of feedback-informed treatment. *Psychotherapy, 52*(4), 449.

Miller, W. R., Rollnick, S., & Schippers, G. M. (2014). *Motiverende gespreksvoering, mensen helpen veranderen*. Utrecht: Ekklesia.

Miller, W. R., & Wilbourne, P. L. (2002). Mesa Grande: A methodological analysis of clinical trials of treatments for alcohol use disorders. *Addiction, 97*, 265–277.

Miller, W. R., Yahne, C. E., Moyers, T. B., Martinez, J., & Pirritano, M. (2004). A randomized trial of methods to help clinicians learn motivational interviewing. *Journal of Consulting and Clinical Psychology, 72*(6), 1050.

Moyers, T. B., Houck, J., Rice, S. L., Longabaugh, R., & Miller, W. R. (2016). Therapist empathy, combined behavioral intervention, and alcohol outcomes in the COMBINE research project. *Journal of Consulting and Clinical Psychology, 84*(3), 221.

Moyers, T. B., Martin, T., Christopher, P. J., Houck, J. M., Tonigan, J. S., & Amrhein, P. C. (2007). Client language as a mediator of motivational interviewing efficacy: Where is the evidence? *Alcoholism: Clinical and Experimental Research, 31*(s3), 40s–47s.

Mulder, N. L., Loos, J., & Wiersma, A. (2004). *Health of the Nation Outcome Scales (HoNOS 1999) – Handleiding* Rotterdam: Erasmus Universiteit.

Mulder, C. L., Staring, A. B. P., Loos, J., Buwalda, V. J. A., Kuijpers, S., & Wierdsma, A. I. (2004). De Health of the Nation Outcome Scales (HoNOS) als instrument voor 'routine outcome assessment'. *Tijdschrift voor Psychiatrie, 46*(5), 273–284.

Nabitz, U. (2017). Historische ontwikkeling van Routine Outcome Monitoring. In E. de Beurs, M. Barendregt, & L. Warmerdam (Red.), *Behandeluitkomsten. Bron voor kwaliteitsbeleid in de ggz*. Amsterdam: Boom.

Notenboom, A., & Reitsma, P. (2003). Investigating the dimensions of spelling ability. [IF: 1.661] *Education and Psychological Measurement, 63*, 1039-1059.

Nugter, A., Schaefer, B., & Swildens, W. (2017). ROM en benchmarken bij patiënten met ernstige psychiatrische aandoeningen. In E. de Beurs, M. Barendregt, & L. Warmerdam (Red.), *Behandeluitkomsten. Bron voor kwaliteitsbeleid in de ggz*. Amsterdam: Boom.

O'Halloran, P. D., Blackstock, F., Shields, N., Holland, A., Iles, R., Kingsley, M., et al. (2014). Motivational interviewing to increase physical activity in people with chronic health conditions: A systematic review and meta-analysis. *Clinical Rehabilitation, 28*(12), 1159–1171.

Okiishi, J., Lambert, M. J., Nielsen, S. L., & Ogles, B. M. (2003). Waiting for supershrink: An empirical analysis of therapist effects. *Clinical Psychology & Psychotherapy, 10*(6), 361–373.

Os, J. van, Berkelaar, J., Hafkenscheid, A., et al. (2017). Benchmarken: Doodlopende weg onder het mom van 'ROM'. *Tijdschrift voor Psychiatrie (TvP), 59*(4), 247–250.

Os, J. van, & Delespaul, P. (2017). Een kwaliteitskader voor de GGZ. Maastricht UMC. Geraadpleegd op 16 juni 2017 op ▶https://www.stopbenchmark.com/wp-content/uploads/2017/04/Kwaliteitskader-GGZ-2017-J.-van-Os.pdf.

Os, J. van, Kahn, R., Denys, D., Schoevers, R. A., Beekman, A. T. F., Hoogendijk, W. J. G., et al. (2012). ROM: Gedragsnorm of dwangmaatregel? Overwegingen bij het themanummer over routine outcome monitoring. *Tijdschrift voor Psychiatrie, 54*(3), 245–253.

Oudejans, S. C. C. (2009). *Routine outcome monitoring and learning organizations in substance abuse treatment*. Amsterdam: (dissertatie), University of Amsterdam.

Oudejans, S. C. C., & Baron, E. (2016, September 14). *Training ROM en MGV*. Training behandelaren HSK, Arnhem.

Oudejans, S. C. C., Nabitz, U., & Schippers, G. (2009). Routine Outcome Monitoring in de verslavingszorg. Bevorderende en belemmerende factoren. *Maandblad Geestelijke volksgezondheid (MGv), 64*, 774–784.

Oudejans, S. C. C., & Schippers, G. M. (2006). *Handboek benchmark leefstijltraining in de verslavingszorg*. Amsterdam: Amsterdam Institute for Addiction Research.

Oudejans, S. C. C., & Schippers, G. M. (2013). Implementatie en toepassing van ROM in de verslavingszorg: Geschiedenis en geleerde lessen. In V. J. A. Buwalda, M. A. Nugter, J. A. Swinkels & C. L. Mulder (Red.), *Praktijkboek ROM in de ggz II. Implementatie en gebruik bij verschillende doelgroepen* (pag. 69–77). Utrecht: De Tijdstroom.

Oudejans, S. C. C., Schippers, G. M., Schramade, M. H., Koeter, M. W. J., Merkx, M. J. M., & Brink, W. van den (2009). Feasibility and validity of low-budget telephonic follow-up interviews in routine outcome monitoring of substance abuse treatment. *Addiction, 104*, 1138–1146.

Oudejans, S. C. C., Schippers, G. M., Spits, M. E., Stollenga, M., & Brink, W. van den (2012). Vijf jaar Routine Outcome Management in de ambulante verslavingszorg. *Tijdschrift voor Psychiatrie, 54*, 185–190.

Oudejans, S. C. C., & Spits, M. E. (2017). Benchmarken in de verslavingszorg. In E. de Beurs, M. Barendregt & L. Warmerdam (Red.), *Behandeluitkomsten. Bron voor kwaliteitsbeleid in de ggz*. Amsterdam: Boom.

Oudejans, S. C. C., Spits, M. E., & Schippers, G. M. (2011). Leren van uitkomsten – van taseki naar jiseki. In S. van Hees, P. van der Vlist, & N. Mulder (Red.), *Van weten naar meten. ROM in de ggz* (pag. 35–43). Amsterdam: Uitgeverij Boom.

Oudejans, S. C. C., Spits, M. E., Vastenburg, D., & Schippers, G. (2011). *Benchmark leefstijltraining in de verslavingszorg | Brijder Verslavingszorg Zuid. Rapportage instroom 1 juli 2009 – 31 december 2009. rapportage nr. 11*. Amsterdam: AIAR

Over, E. A. B., Gils, P. F. van, Suijkerbuijk, A. W. M., Lokkerbol, J., & Wit, G. A. de (2016). *Maatschappelijke kosten-baten analyse van cognitieve gedragstherapie voor alcohol- en cannabisverslaving*. Bilthoven: RIVM.

Porter, M. E. (2010). What is value in health care? *New England Journal of Medicine, 363*(26), 2477–2481.

Position Paper "Stop Benchmark met ROM" (2017). Geraadpleegd op 16 juni 2017 op ▶https://www.stopbenchmark.com/wp-content/uploads/2017/04/Position-Paper-SBMR.pdf.

Poston, J. M., & Hanson, W. E. (2010). Meta-analysis of psychological assessment as a therapeutic intervention. *Psychological Assessment, 22*(2), 203–212.

Priebe, S., Huxley, P., Knight, S., & Evans, S. (1999). Application and results of the Manchester Short Assessment of Quality of Life (MANSA). *International Journal of Social Psychiatry, 4575*(1), 7–12.

RIVM (2015). Wat is kwaliteit van leven en hoe wordt het gemeten? Geraadpleegd op 16 juni 2017 op ▶http://www.nationaalkompas.nl/gezondheid-en-ziekte/functioneren-en-kwaliteit-van-leven/kwaliteit-van-leven/wat-is-kwaliteit-van-leven-en-hoe-wordt-het-gemeten.

Rogers, C. R. (1959). A theory of therapy, personality, and interpersonal relationship, as development in the client-centered framework. In S. Koch (Ed.), *Psychology: A study of a science. Study 1, volume 3: Formulations of the person and the social context*. New York: McGraw-Hill.
Rubak, S., Sandbæk, A., Lauritzen, T., & Christensen, B. (2005). Motivational interviewing: A systematic review and meta-analysis. *British Journal of General Practice, 55*(513), 305–312.
Ruiter, C. de (2009). Persoonlijkheidsstoornissen in de forensische setting. In E. H. M. Eurelings-Bontekoe, W. M. Snellen, & R. Verheul (Red.), *Handboek persoonlijkheidspathologie*. Houten: Bohn Stafleu van Loghum.
Ruiter, C. de (2010). Risicotaxatie van gewelddadig gedrag: Empirie en praktijk. In P. J. van Koppen, H. Merckelbach, M. Jelicic, & J. de Keijser (red.), *Reizen met mijn rechter* (pag. 149–162). Deventer: Kluwer.
Sapyta, J., Riemer, M., & Bickman, L. (2005). Feedback to clinicians: Theory, research, and practice. *Journal of Clinical Psychology, 61*, 145–153.
SBG (2016). Praktijkvariatie in uitkomst van GGZ behandelingen. Bilthoven: Stichting Benchmark GGZ.
SBG Minimale Dataset inclusief Argus (2017) Bilthoven: Stichting Benchmark GGZ.
Schippers, G. M., & Broekman, T. G. (2014). *MATE-Q 2.1. Handleiding*. Nijmegen: Bêta Boeken.
Schippers, G. M., Broekman, T. G., & Buchholz, A. (2011). *MATE 2.1. Handleiding & protocol*. Nijmegen: Bêta Boeken.
Schippers, G. M., & Oudejans, S. C. C. (2013). *Gebruik van ROM in de verslavingszorg Praktijkboek ROM II*. Utrecht: de Tijdstroom.
Schoevers, R. A., & Beekman, A. T. F. (2017). Van 'stop ROM' naar 'hier met die ROM!'. *Tijdschrift voor Psychiatrie, 59*(4), 245–246.
Schwalbe, C. S., Oh, H. Y., & Zweben, A. (2014). Sustaining motivational interviewing: A meta-analysis of training studies. *Addiction, 109*(8), 1287–1294.
Shimokawa, K., Lambert, M. J., & Smart, D. W. (2010). Enhancing treatment outcome of patients at risk of treatment failure: Meta-analytic and mega-analytic review of a psychotherapy quality assurance system. *Journal of Consulting and Clinical Psychology, 78*(3), 298–311.
Slade, M. (2010). Outcome measuremant in England. In T. Trauer (Ed.), *Outcome measurement in mental health: Theory and practice*. Cambridge: Cambridge University Press.
Slade, K., Lambert, M. J., Harmon, S. C., Smart, D. W., & Bailey, R. (2008). Improving psychotherapy outcome: The use of immediate electronic feedback and revised clinical support tools. *Clinical Psychology & Psychotherapy, 15*(5), 287–303.
Smedslund, G., Berg, R. C., Hammerstrøm, K. T., Steiro, A., Leiknes, K. A., Dahl, H. M., et al. (2011). Motivational interviewing for substance abuse. *Cochrane Database of Systematic Reviews*, 5. Art. No.: CD008063.
Sobell, M. B., & Sobell, L. C. (2000). Stepped care as a heuristic approach to the treatment of alcohol problems. *Journal of Consulting and Clinical Psychology, 68*(4), 573.
Sperry, L., Brill, P. L., Howard, K. I., & Grissom, G. R. (1996). *Treatment outcomes in psychotherapy and psychiatric interventions*. New York: Brunner/Mazel.
Spijker, J., Bockting, C. L. H., Meeuwissen, J. A. C., Vliet, I. M. van, Emmelkamp, P. M. G., Hermens, M. L. M., et al. (2013). *Multidisciplinaire richtlijn depressie (3e revisie 2013). Richtlijn voor diagnostiek, behandeling en begeleiding van volwassen patiënten met een depressieve stoornis*. Utrecht: Trimbos-instituut.
Spits, M. E., Wildt, W. de, Vedel, E., Blankers, M., Dekker, J., Goudriaan, A. E., et al. (2017). *Outcomes of substance-abuse treatment: Associations between substance use and emotional distress (submitted)*.
Spreen, M., Brand, E., Horst, P. ter, & Bogaerts, S. (2014). *Handleiding en methodologische verantwoording HKT-R*. Groningen: Stichting FPC Dr. S. van Mesdag.
Stel, J. van der (2015). Functioneel herstel en zelfregulatie: Opgaven voor cliënten én psychiaters. *Tijdschift voor Psychiatrie, 57*(11), 815–822.
Stewart, M. (2015). Making HoNOS(CA) clinically useful. Strategies for making HoNOSCA, HoNOS and HoNOS 65+ a useful tool for your clinical team. Geraadpleegd op 16 juni 2017 op ►http://docslide.net/documents/making-honosca-clinically-useful-strategies-for-making-honosca-honos-and.html.
Stichting Dyslexie Nederland (SDN) (2008). *Diagnostiek en indicatiestelling van dyslexie en dyslexiebehandeling*. Bilthoven: SDN.

Swildens, W., Theunissen, J., Delespaul, P., Nugter, A., Kortrijk, H., Schaefer, B., et al. (2011). Ernstige psychiatrische aandoeningen – op weg naar vergelijkbaarheid. In S. van Hees, P. van der Vlist & N. Mulder (Red.), *Van weten naar meten. ROM in de ggz* (pag. 139–148). Amsterdam: Uitgeverij Boom.

Swildens, W., & Visser, E. (2016). Landelijke pilot Validering Integrale Herstelschaal om Herstel bij cliënten met Ernstige Psychiatrische Aandoeningen te evalueren en te bevorderen (projectvoorstel).

Terwee, C. B., Wees, P. J. van der, & Beurskens, S. (2015). *Handleiding voor de selectie van PROs en PROMs* Utrecht: Nederlandse Federatie van Universitair Medische Centra.

Theunissen, M. H., Vogels, A. G., Wolff, M. S. de, Crone, M. R., & Reijneveld, S. A. (2015). Comparing three short questionnaires to detect psychosocial problems among 3 to 4-year olds. *BMC Pediatrics, 15*, 84.

Thompson, D. R., Chair, S. Y., Chan, S. W., Astin, F., Davidson, P. M., & Ski, C. F. (2011). Motivational interviewing: A useful approach to improving cardiovascular health? *Journal of Clinical Nursing, 20*(9–10), 1236–1244.

Trauer, T. (2010a). Assessment of change in outcome measurement. In T. Trauer (Ed.), *Outcome measurement in mental health.* Cambridge: Cambridge University Press.

Trauer, T. (2010b). Outcome measures in adult mental health services. In T. Trauer (Ed.), *Outcome measurement in mental health. Theory and practice*. Cambridge: Cambridge University Press.

Treasure, J. L., Katzman, M., Schmidt, U., Troop, N., Todd, G., & Silva, P de (1999). Engagement and outcome in the treatment of bulimia nervosa: First phase of a sequential design comparing motivation enhancement therapy and cognitive behavioural therapy. *Behaviour Research and Therapy, 37*(5), 405–418.

Vader, A. M., Walters, S. T., Prabhu, G. C., Houck, J. M., & Field, C. A. (2010). The language of motivational interviewing and feedback: Counselor language, client language, and client drinking outcomes. *Psychology of Addictive Behaviors, 24*(2), 190.

Vaessen, A., & Blomert, L. (2013). The cognitive linkage and divergence of spelling and reading development. *Scientific Studies of Reading, 17*(2), 89–107.

Veerbeek, M. A., Oude Voshaar, R., & Pot, A. M. (2011). *MEMO: Monitor Geestelijke Gezondheidszorg Ouderen. Resultaten Meetronde 1*. Utrecht: Trimbos-instituut.

Veerbeek, M. A., Oude Voshaar, R. C., & Pot, A. M. (2013). Psychometric properties of the Dutch version of the Health of the Nation Outcome Scales for older adults (HoNOS 65+) in daily care. *International Journal of Nursing Studies, 50*(12), 1711-1719.

Veerman, J. W., & Yperen, T. van (2017). ROM en benchmarken in de jeugdhulp. In E. de Beurs, M. Barendregt & L. Warmerdam (Red.), *Behandeluitkomsten. Bron voor kwaliteitsbeleid in de ggz*. Amsterdam: Boom.

Verbraak, M., & Hoogduin, K. (2013). Management van behandeling. In P. Emmelkamp & K. Hoogduin (Red.), *Van mislukking naar succes in psychotherapie*. Amsterdam: Boom.

Verbraak, M., Theuws, S., & Verdellen, C. (2015). ROM en benchmarken: Een voorbeeld van een geïntegreerde aanpak. *Directieve Therapie, 35*(2), 115–131.

Verbrugge, C. A. G., Jong, C. A. J. de, Holsbeek, T., & Dijk, R. van (2005). *Wat motiveert tot onderlinge vergelijking? Evaluatieverslag project 'IMC Benchmarking'*. Den Bosch: Novadic-Kentron.

Vogel, V. de, Vries Robbé, M. de, Bouman, Y., Chakhssi, F., & Ruiter, C, de (2013). HCR-20$^V_3$: *Risicotaxatie van geweld. Geautoriseerde Nederlandse vertaling*. Utrecht: Van der Hoeven Kliniek.

Vragen gesteld door de leden der Kamer, met de daarop door de regering gegeven antwoorden, Vragen van het lid Leijten (SP) aan de Minister van Volksgezondheid, Welzijn en Sport over de protesten tegen het verplicht in moeten vullen en aan moeten leveren van routine outcome measure (Rom) gegevens in de geestelijke gezondheidszorg (ggz). Antwoord van Minister Schippers (Volksgezondheid, Welzijn en Sport) (ontvangen 24 maart 2017). Zie ook Aanhangsel Handelingen, vergaderjaar 2016–2017, nr. 1308. Sess (2017).

Walburg, J. A. (2003). *Uitkomstenmanagement in de gezondheidszorg*. Maarssen: Elsevier Gezondheidszorg.

Walfish, S., McAlister, B., O'Donnell, P., & Lambert, M. J. (2012). An investigation of self-assessment bias in mental health providers. *Psychological Reports, 110*(2), 639–644.

Waller, G. (2009). Evidence-based treatment and therapist drift. *Behaviour Research and Therapy, 47*(2), 119-127.

Waller, G., & Turner, H. (2016). Therapist drift redux: Why well-meaning clinicians fail to deliver evidence-based therapy, and how to get back on track. *Behaviour Research and Therapy, 77,* 129–137.

Warmerdam, L. (2017a). Confounding en selectiebias bij vergelijking van behandeluitkomsten tussen zorgaanbieders. In E. de Beurs, M. Barendregt & L. Warmerdam (Red.), *Behandeluitkomsten. Bron voor kwaliteitsbeleid in de ggz*. Amsterdam: Boom.

Warmerdam, L. (2017b). Inleiding: Een tipje van de sluier na vijf jaar benchmarken. In E. de Beurs, M. Barendregt & L. Warmerdam (Red.), *Behandeluitkomsten. Bron voor kwaliteitsbeleid in de ggz*. Amsterdam: Boom.

Whipple, J. L., & Lambert, M. J. (2011). Outcome measures for practice. *Annual Review of Clinical Psychology, 7*, 87–111.

Widenfelt, B. M. van, Goedhart, A. W., Treffers, P. D., & Goodman, R. (2003). Dutch version of the Strengths and Difficulties Questionnaire (SDQ). *European Child & Adolescent Psychiatry, 12*(6), 281–289.

Wildt, W. de, Schramade, M., Boonstra, M., & Bachrach, C. (2002). *Module indicatiestelling & trajecttoewijzing*. Amersfoort: GGZ Nederland.

Wise, E. A., Streiner, D. L., & Gallop, R. J. (2016). Predicting individual change during the course of treatment. *Psychotherapy Research, 26*(5), 623–631.

Wolterink, M. (n.d.). *ROMmen, hoe doet HSK dat?* Geraadpleegd op 16 juni 2017 op ► https://www.vgct.nl/stream/rommen-bij-hsk.pdf.

Register

3DM 53
48 Symptom Questionnaire. *Zie* SQ-48

A

acceptatie 104
actuariële methode 57, 58
autonomie 8, 33, 104, 106

B

BDI 17
Beck Depression Inventory. *Zie* BDI
behandelproces 102
benchmark leefstijltraining verslavingszorg 98
Benchmark Rapportage Module. *Zie* BRaM
benchmarken 6, 32, 37, 80, 86, 90, 91
best practice 37, 38
best practices 98, 99
better than average 7, 32
BRaM 37, 41, 44, 65, 90, 91
Brief Symptom Inventory. *Zie* BSI
BSI 50, 62, 73

C

casemix 82, 83, 90, 97
CBCL 54
- TRF 54
- YSR 54
Child Behavior Checklist. *Zie* CBCL
cliëntkenmerken 90, 93, 96
cliënttevredenheid 18, 19, 26
clinical support tools 57, 58, 73, 97
compassie 104
CST. *Zie* clinical support tools

D

DASS 62
DBC 41, 42, 68, 87
dyslexie 53

E

Een-Minuut-Test. *Zie* EMT
EMT 53
- HoNOS 65+ 54

EPA 51, 55
EPD 63
ernstige psychiatrische aandoeningen. *Zie* EPA

F

feedback 4, 5, 9, 63, 106
Feedback Informed Treatment (FIT) 19
forensische psychiatrie 18
functioneren 14, 17

G

gedeelde besluitvorming. *Zie* shared decision making
gespreksvaardigheden 103, 104, 118

H

HCR-20V3 54
Health of the Nation Outcome Scales. *Zie* HoNOS
hello-goodbye-effect 85
herstel 16, 52, 55
- functioneel herstel 16
- klinisch herstel 16
- maatschappelijk herstel 16
- persoonlijk herstel 16
HKT-R 54
HoNOS 52, 73, 74
- HoNOS 65+ 52
- HoNOSCA 52

I

indicatoren 26
- procesindicatoren 18, 26
- structuurindicatoren 18, 26
- uitkomstindicatoren 26
Integrale Herstelschaal 17

J

jiseki 34, 95

K

klinische blik 3, 7, 58
kosten 25, 29

kosteneffectiviteit 28
kwaliteit van leven 14, 17
kwaliteit van zorg 18, 25, 80

L

landelijk gemiddelde 90

M

MANSA 55
MATE 52
MDS. *Zie* minimale dataset
meetbaar beter 37
meetdomein 42, 48
meetinstrumenten 42, 48, 87, 102
- diagnosespecifieke 17, 56
- generiek 17, 48, 56
meetkenmerken 96
minimale dataset 42
monitoren 9, 14, 45, 48
motiverende gespreksvoering 71, 102, 103

O

ontlokken 104
oplossingsgerichte gespreksvoering 71
OQ-45 17, 19, 21, 49, 58, 62, 73
ORS 19
ouderenpsychiatrie 53
Outcome Questionnaire. *Zie* OQ-45
Outcome Rating Scale. *Zie* ORS
outtake-team 74

P

partnerschap 104
patient reported experience measures. *Zie* PREM
patient reported outcome measures. *Zie* PROM
PDCA 10, 98
PI-dictee 53
praktijkvariatie 80, 96
PREM 18, 27
privacy 68
proceskenmerken 97
PROM 14, 18, 27
pseudonimisering 82

Register

R

referentiegroep 91
reflecteren 104
representativiteit 83
respons 37, 40, 84
ROM 4, 6, 20, 32, 57, 71, 106
- Routine Outcome Management 6, 10, 32
- Routine Outcome Measurement 6
- Routine Outcome Monitoring 4, 6, 9, 32, 85
- sturend 88
- volgend 88
ROM-software 63–65, 72

S

Santeon 35, 99
SBG 37, 41, 87
SCL-90 50
SDQ 54
selectiebias 84
Session Rating Scale. Zie SRS
shared decision making 10
signal alarm cases 21
spirit 103, 106
SQ-48 17, 50, 73
SRS 19
stadia van coping 34, 95
steekproef 88
Stichting Benchmark GGZ. Zie SBG
STOPROM 81
stratificatie 83, 90, 97
Strengths and Difficulties Questionnaire. Zie SDQ
structuurkenmerken 97
symptom checklist. Zie SCL-90
Symptom Questionnaire. Zie SQ-48
symptomen 14

T

T-score 37, 90
taseki 34, 95
Teacher's Report Form. Zie TRF
terugkoppelen 5, 6, 34, 63, 71, 96, 102
therapist drift 7, 8
training 118
transparantie 9, 32
treatment failure 20

U

uitkomsten 27, 34, 37, 88
- primaire uitkomst 2

V

validiteit 85
Value-Based Health Care 14, 24
VBHC. Zie Value-Based Health Care
verandertaal 103, 105, 110
verantwoording 80, 88
verbetering 20, 72, 90
- klinisch significante verbetering 20
- statistisch betrouwbare verbetering 20
verslavingszorg 15, 52, 62
vrijgevestigden 91

W

werkalliantie 19
Wet op de geneeskundige behandelingsovereenkomst. Zie WGBO
WGBO 33

Y

Youth Self Report. Zie CBCL: YSR

Z

zelfrapportage 17
zorgdomein 42, 48
- forensische psychiatrie 54
- gerontopsychiatrie 53
ZorgTTP 70, 82
zorgverzekeraar 29, 40

MIX
Papier aus verantwortungsvollen Quellen
Paper from responsible sources
FSC® C105338

If you have any concerns about our products,
you can contact us on
ProductSafety@springernature.com

In case Publisher is established outside the EU,
the EU authorized representative is:
**Springer Nature Customer Service Center GmbH
Europaplatz 3, 69115 Heidelberg, Germany**

Printed by Libri Plureos GmbH
in Hamburg, Germany